总是考没有学过的
——美国青少年的哀叹带给我们的反思

凯瑟琳·沃尔德伦·格什曼 著
(Kathleen Waldron Gershman)

付红霞 韩戈玲 等译
韩戈玲 审校

·南京·

图书在版编目(CIP)数据

总是考没有学过的:美国青少年的哀叹带给我们的反思 / (美)凯瑟琳·W.格什曼(Kathleen Waldron Gershman)著;付红霞,韩戈玲等译. —南京:东南大学出版社,2018.12

书名原文:They Always Test Us On Things We Haven't Read: Teen Laments and Lessons Learned

ISBN 978-7-5641-8157-4

Ⅰ.①总… Ⅱ.①凯… ②付… ③韩… Ⅲ.①高中-教学研究-美国 Ⅳ.①G632.0

中国版本图书馆 CIP 数据核字(2018)第 281648 号

江苏省版权局著作权合同登记
图字:10-2018-505 号

Simplified Chinese translation copyright © 2018 by Southeast University Press.
简体中文版由东南大学出版社独家获得授权,在中国大陆地区出版发行。

总是考没有学过的——美国青少年的哀叹带给我们的反思
Zong Shi Kao Mei You Xue Guo De—Mei Guo Qing Shao Nian De Ai Tan Dai Gei Wo Men De Fan Si

原 著 者	凯瑟琳·W.格什曼(Kathleen Waldron Gershman)
译 者	付红霞,韩戈玲等
责任编辑	史 静
出版发行	东南大学出版社
社 址	南京市四牌楼 2 号(邮编:210096)
出 版 人	江建中
经 销	全国各地新华书店
印 刷	南京玉河印刷厂
开 本	850 mm×1168 mm 1/32
印 张	7.75
字 数	179 千字
版 次	2018 年 12 月第 1 版
印 次	2018 年 12 月第 1 次印刷
书 号	ISBN 978-7-5641-8157-4
定 价	32.00 元

本社图书若有印装质量问题,请直接与营销部联系。电话:025-83791830。

献给我的母亲和佩吉妹妹

"学校教育重视学生的专心、礼貌、守纪等行为表现。而每个了解学校教育的人都非常清楚这些行为背后是学生自由发展的思想、想象力、渴望以及顽劣行为。"

——约翰·杜威(John Dewey)[①]

[①] Dewey, John (1938), *Experience and Education*, NY: MacMillan, p. 62.

致 谢

感谢挚友鲍勃·金(Bob King)对于本书的编辑策划,感谢玛格丽特·西顿(Margaret Zidon)和吉姆·麦肯齐(Jim McKenzie)在本书写作初期所提出的宝贵建议。

感谢所有阅读本书初稿、提出建议和给予帮助的人:珍妮·阿勒(Janet Ahler)、沙龙·卡森(Sharon Carson)、卡罗·克里斯坦森(Carol Christensen)、乔利·克里斯特曼(Jolley Christman)、费林·蒂拉尼(Phylline Deraney)、马尔科姆·埃文斯(Malcolm Evans)、贝丝·富兰克林(Beth Franklin)、史蒂夫·戈德堡(Steve Goldberg)、萨拉·汉汗(Sara Hanhan)、史蒂夫·哈洛(Steve Harlow)、乔安尼·哈里斯(Joanne Harris)、大卫·赫德(David Hird)、布伦特·胡蒂格(Brent Hurtig)、沙龙·约翰逊(Sharon Johnson)、维基·约翰逊(Vicki Johnson)、玛丽莲·克鲁格(Marilyn Klug)、阿曼达·马达尔(Amanda Madar)、埃里克·马林(Eric Marin)、辛迪·马霍尼(Cindy Mahoney)、乔·墨菲(Jo Murphy)、薇安·佩德森(Viann Pederson)、维托·佩罗内(Vito Perrone)、T. C. 佩里(T. C. Perry)、哈丽特·鲍尔斯(Harriet Powers)、杰弗里·舒尔茨(Jeffrey Shultz)、德布·斯科特(Deb Scott)、菲利普·史密斯(Philip Smith)、丹尼斯·特沃赫(Denise

Twohey)、保拉·库克·威廉姆斯(Paula Cooke Williams)、斯图尔特·乌根(Stuart Uggen)。

感谢北达科他大学的玛丽·哈里斯(Mary Harris)、丹·赖斯(Dan Rice)和迪克·兰德里(Dick Landry)的慷慨帮助,使我顺利完成本书的研究。万分感谢我的博士生导师——已故的唐纳德·W.奥利弗(Donald W. Oliver)教授的大力支持。特别感谢里拉·安德森(Rilla Anderson)的辛劳付出和无私贡献。

感谢我走访的三所高中的校长、学校管理者以及老师给予我的友善和礼貌,感谢他们让我走进课堂。感谢4位受访学生的多次交谈,他们的巨大贡献我将铭记在心。

感谢我亲爱的兄弟姐妹:理查德(Richard)、乔伊(Joie)和佩吉(Peggy)。感谢他们一直以来的真诚支持以及对于本研究的特别兴趣。

衷心感谢哈尔(Hal)和利奥诺拉(Leonora)的鼓励和支持,他们是给予我力量和信心的两个支柱。

译者序

谨以此译著献给中国学生、老师和家长。

本书的英文原著为美国一些大学研究生院教学法课程的指定必读书籍,中学教师、师范学生以及教育学专家对原著的评价甚高。纵观全文,作者应用人类学研究方法对美国高中生的学习生活做了详尽描述,表明作者具有深厚的理论基础和丰富的教学经验。本书从高中生的视角审视中学教育,对课堂活动、教学内容、教学方法、教师角色等进行了深刻反思和批评。在翻译过程中,我们发现了一个事实:中国的普通高中教育和美国的普通高中教育表面上看起来不同,但学生的学校体验却惊人地相似!我们认为书中所描述的美国高中教师的课堂行为、师生关系同样值得中国高中教师深思,因此希望通过介绍这本教育学专著,引起国内广大教师和学生、教育管理者、师范院校学生以及家长对中国高中教育的关注,进一步提高教育质量。

本书以一个崭新的视角描述主流美国高中生的学校体验,涵盖美国主流高中的教学内容、教学方法、校园文化、学生心理诉求、教育哲学和研究方法。相比于其他从教师角度着重于教学体会的教育学专著,本书揭开了美国高中教育的一层面纱,让读者不仅看到高中生的迷茫、困惑、烦恼、压力、社交和学业体验,而且跟随作者一起观摩高中课堂,以一个旁观者的身份对学校教育进行分析和评判,与教育专家共同探索学校教育改革的方向和培养高素质公民的教育体制。

　　作者文笔细腻,语言幽默,观点犀利。基于在三所高中长达一年的课堂观摩和100名学生的面对面采访记录,作者从繁杂的现象和会话信息中概括提炼核心元素,探寻教育规律;同时引经据典,从教育哲学的角度提出自己对于高中教育改革的方法和步骤的观点,引领读者真正从学生角度思考教育实践如何真正体现以学生为中心的理念。作者认为目前美国高中耗费的社会成本过高,在一定程度上妨碍了全人教育功能,于是她提出实行以学生为中心的小班教学,开展民主的师生面对面对话,实现社区与学校教育联动,增加社区在课程规划和教学中的参与度,建立老师、学生、课程三者之间的密切联系,提高师生真正的相互关注度等改革措施。

　　当代教育的一个重要目的就是理解世界的相互关联性,教育投入和教育体系建设应该围绕培养学生完善的人格和高尚的道德展开。教育改革应该着眼于教师、学生、课程内容三者之间的关系,全面培养学生追求知识和人际交往的能力。译者认为作者所描述的美国高中生活值得深思,需要引起我国教育界和社会的广泛关注,以敦促我国教育改革变得更加人性化和理性化;同时,本书真实全面的观察和分析也对欲赴美留学的学生和家长非常有参考价值。

　　本译著由付红霞和韩戈玲策划、校译和校注。李牧春、王洪玲和付红霞完成序言和第一至三章的翻译;梁颖萍、粟为农和韩戈玲完成第四至七章的翻译。韩戈玲完成后记的翻译。

序言

"走在中学的教学楼里——和在这里走的感觉是完全不同的。"

——迪恩(Dean),11 年级

"每个人只有亲自去经历这个世界,才能从本质上了解它。"

——D. L. 布里格姆(D. L. Brigham)[1]

作为一名从事师范教育的老师,我的研究初衷是为了解决一个实际问题:教师怎样才能教得更好,使学生学得更多?我原以为这个问题很值得研究,却没有想到在学生眼里竟然微不足道。当我意识到我关于提高教师教学质量的研究并没有引起学生们的共鸣时,我才开始对这些 17 岁的孩子进行长达一年的深入访谈。结果,关于学校的一些开放式问题得到了很热烈的回应,如同伴关系、不成文的学生等级制度、教师对个别学生的偏爱或者忽视,以及其他各种各样的抱怨和不满。但是,这些青少年萦绕于心的问题在师范教育的课程里却几乎没有涉及,而我认为中学教师忽视这些问题的后果会很危险。简而言之,如果我们对学习的理解仅仅限于认知,而忽视学习过程中情感的作用,那么我们将很难满足公众对教育的期望——帮助他们的孩子实现抱负,成年后过上充实的生活。教育界对学校教育的研究历史悠久,但是正如埃里克森(Erickson)和舒尔茨(Shultz)[2]所说,这些研究的角度单一,大多是从观察者的角度[3]谈论教育。相对而言,从学生角度来研究他们"内心关注"的实质性研究[4]很少。1999年Shell问卷调查[5]对1 015名美国高中生进行了调查,结果令人担忧:自认为有厌烦、焦虑和愤怒情绪的学生比例分别为57%、48%和37%。

我的研究地点选在美国50个州中最安全的北达科他州的两个城市[6](居住人口分别为50 000和60 000)。当地报纸每季度会刊登出长长的优等生名单,社区体育运动和艺术活动丰富,教师工作勤勤恳恳,纳税人也很乐意支付给教师高额工资。因此,该地3所著名高中的高毕业率(98%左右)成为市民的骄傲也就不足为奇了。毕业生中有一半以上的人会选择继续接受高等教育,而且每800到950名大学生中,平均每年有5个人会获得全美绩优奖学金。然而,即使表面上非常风光的学校,也会有不满意的学生。数据调查显示,39%的学生认为很爱或很喜欢自己的学校;39%的学生认为只是有"几分"喜欢自己的学校;大约有四分之一的学生(22%)认为他们不喜欢或是有点儿讨厌[7]学校。而后面的这部分学生正是本书描述及讨论的焦点。

为了更多地了解这个貌似不复杂的学习环境,我选择了11年级的学生作为研究对象,我认为他们很适合我的调查研究。10年级的学生因为要学的课程越来越难而感到紧张,12年级的学生又急于毕业离校,而11年级的学生处在高中生涯的中间平衡期,他们对学校生活熟悉且不厌倦。因此,我用大半年时间观察了他们的必修课和选修课学习情况。我和学生们交谈,期望能够了解学生的全貌,即对学习成绩好、中、差的男生和女生进行深入了解。我的交谈对象还包括有兼职工作的、参加体育或艺术课外活动小组的学生,以及明显对学校一点儿都不感兴趣的学生。每一次的访谈都会持续至少一个小时,本书中出现的学生、老师和学校都使用了化名。我频繁地出现在他们的课堂里,希望长期接触能博取他们的信任。通过在学生周围观察他们的学校生活,我写了几百页的现场笔记,也解答了自己心中关于高中教育的疑惑。本书选取了其中一些典型片段,用以阐明学生的感受。尽管我本人读过高中,也教过高中生,但我有意识地让自己保持头脑清醒,不受个人记忆影响,尽量客观地描述观察到的实际情况。事实上,我看到的高中课堂或者幽默,或者存在不公平现象,或者学生不理解教师的授课方式。比如,我看到某位老师整节课忙个不停,尽其所能,而学生对她的评价却是"暴躁、傲慢"。

　　令我出乎意料的是,学生说的很多话深深打动了我。当我再次翻阅那些转写的录音材料,开始执笔写作时,内心深处一直在祝福那些信任我的孩子们一切都好。尽管我此时并不在他们的学校——象牙塔,但我还是要在这里表达对他们的感谢。感谢所有的11年级学生,感谢他们的诚实和幽默,感谢他们愿意和我这个陌生人交谈。我希望在听到高中生的心声后("家长根本理解不了我们在学校的压力,他们只知道分数、成绩!"),家长们可以重新考虑自己对高中教育的期望,学校能够适当做些改进,以有益于学生成长。

本书所讨论的学生感受并非接受采访的每个学生始终共有的,学生们承认这些感受是高中阶段很典型的感受。换言之,学生们认同这些感受,即使不是百分之百反映出他们的个人感受,至少代表了一种聚合力强大的校园亚文化。例如,采访中,当学生看到"挫败""生气"或"确信"的提示卡时,通常会说到老师偏爱学生的话题。他们认为"教师的宠儿"现象表明学校缺乏有效的民主。大多数"差生"都认为老师们有"宠儿","优等生"中却无人提到这个问题。我们不妨这样理解:学生意识到"教师的宠儿"是学校的一大问题,就像学生中的"小圈子"问题一样,没有人会明说自己是某个小圈子的一员。在这类问题上,学生群体很清楚其圈子特点或风气[8](风气更多靠感觉,而不是凭借观察),但这并不意味着凭借群体特性就能准确地预测一个成员在某一特定时刻的感受,群体特性或风气只不过能区分出新老成员而已。

或许,有些人会说,这份报告是中西部小城市里的高中生对所在知名高中教育情况的评价,和自己的没有什么直接关系。实际上,把这三所高中和其他学校对比一下,就会发现所有的学校都面临一个共同的根本性问题:如何让青少年爱上学习?这是学校教育的一个巨大挑战,与居住地点在哪里或者谁在试图解决这个问题的关系并不大。沃克·珀西(Walker Percy)曾说:"编写美国概况的唯一方法就是去写美国的个况。"[9]我在本书中描写的个别学校的情况,一定会得到其他地方青少年学生的认同,也许不一定会得到他们的老师或者老师的老师认可。我相信,当一个17岁的高中生在中部大平原上感叹"朋友是大大的舒压器"的时候,另一个在市中心的同龄孩子会即刻感同身受;当一个乡村学生吐露"我什么都不懂"时,也会有一个城市学生完全理解他的感受。

在本书的最后一章,我并没有把学生的感知归结于人类学或是社会学[10]的理论框架内。我的研究关注具体课堂,关注老师、学生和课程教学的互动以及彼此之间的影响。我的研究兴趣集中在当前的课堂以及与课程相关的老师和学生的表现。如果我们仔细倾听学生的心声,就会发现这些充满生命力的个体一次次聚在课堂上,却又朝着不同的方向发展。我想这正是高中教学改革的起因,我们应该对个体之间的情感交流全面地进行哲学式讨论,即对怀特海(Whitehead)所谓的"感知"[11]进行探讨。

对于该项研究那段日子里的许多"感知",我现在仍记忆犹新。记得八月里的一天,天气很闷热,我去观察"美国文学"课堂。那是早上第一节课,当我走向教室后排时,那位和蔼可亲的老师向学生们介绍道:"她来自大学……采访……11年级的学生……"当时,有几个学生故意拖长音调,狡黠地对邻桌说:"问——我——吧。"第二天,我再次走进这间教室,坐在昨天的座位上;一个女孩转过身来,微笑着低声对我说:"嗨,你觉得我们有趣吗?"我点点头,感谢她的欢迎。其实,我很想摇头:"我何曾觉得他们有趣?"但倘若我这么说,她就会发现我内心的失望。

注释

[1] Brigham, D. L. (1989), Dewey's Qualitative Thought As Exemplary Art Education, *Art Education*, (3), pp. 14-22。

[2] 美国教育研究协会于1992年出版的《课程研究手册》(*The Handbook of Research on Curriculum*)中收录了弗雷德里克·埃里克森(Frederic Erickson)和杰弗里·舒尔茨(Jeffrey Shultz)的《学生课程体验》(*Student's Experience of the Curriculum*)一文。文中写道"学生的主观感受从来都不是研究的主体,无论是理论研究、实验研究,还是传统的教学实践或经验总结"(第466页)。

[3] 客位研究视角(客观元模型)的例子参见:Chang, Heewon (1992), *Adolescent Life and Ethos: An Ethnography of a US High School*, London: Falmer Press; Eckert, Penelope (1989), *Jocks and Burnouts: Social Categories and Identity in the High School*, NY: Teachers College。

[4] 主位研究视角(主观元模型)的例子参见:Cusick, Philip (1973), *Inside*

High School: *The Student's World*, NY: Holt, Rinehart and Winston; Gilbert, Robert N., and Mike Robins (1998), *Welcome to Our World: Realities of High School Students*, Thousand Oaks: Corwin Press; Grant, Gerald (1988), *The World We Created at Hamilton High*, Cambridge: Harvard University Press; Salzman, Marian and Teresa Reisgies (1991), *Greetings from High School: Teenspeak about High School and Life*, Princeton: Peterson's Guides。

[5] Shell Poll (1999), Teens Under Pressure, Coping Well, Vol. 1, 4, Summer(网址:http://www.countonshell.com/shell_poll.html)。该调查是对高中生的随机抽样,样本包括 261 名高一学生(9 年级)、260 名高二学生(10 年级)、262 名高三学生(11 年级)以及 232 名高四学生(12 年级)。

[6] 来源：Uniform Crime Reports, Federal Bureau of Investigation, Washington, DC, 1998。

[7] Shell Poll (1999)。

[8] 研究者发现每个学校有自己的文化特征,校园文化在很大程度上决定了一个学校的成败……拥有健康校园文化的学校有如下共同点:师生关系融洽、老师对学生的期望值很高、作业布置很有规律、作业批改与反馈及时、老师备课充分、课堂时间管理高效、课堂活动衔接自然、学生课堂纪律良好。参见:Rutter, Michael, et al. (1979/1994), *Fifteen Thousand Hours: Secondary Schools and Their Effects on Children*, Boston: Routledge and Kegan Paul。

[9] Lawson, Lewis A, and Victor A, Kramer, eds. (1985), *Conversations with Walker Percy*, Jackson: University of Mississippi Press, p. 29.

[10] 使用社会学理论框架进行教育性质研究的例子参见:Cusick, Philip (1983), *The Egalitarian Ideal and the American High School*, NY: Longman; Everhart, Robert B. (1983), *Reading, Writing and*

Resistance: Adolescence and Labor in a Junior High School, Boston: Routledge and Kegan Paul; Fine, Michelle (1991), *Framing Dropouts: Notes on the Politics of an Urban Public High School*, Albany: State University of New York Press; McLaren, Peter (1994), *Life in Schools: An Introduction to Critical Pedagogy in the Foundations of Education*, 2nd ed., NY: Longman.

[11] Whitehead, Alfred North (1929/1978), *Process and Reality*, corrected edition, David Ray Griffen and Donald W. Sherbourne, eds., NY: Free Press; (1933/1964), *Adventures of Ideas*, NY: Free Press; (1938), *Models of Thought*, NY: Free Press.

目 录

第一章　心语 …………………………………………… 1

第二章　压力 …………………………………………… 10

第三章　烦恼 …………………………………………… 55

第四章　困惑 …………………………………………… 103

第五章　校园假象 ……………………………………… 135

第六章　教育改革 ……………………………………… 177

第七章　研究方法 ……………………………………… 216

后记 ……………………………………………………… 227

第一章 心 语

采访者:你喜欢课堂上能够自由表达自己的观点吗？还是喜欢只有一个权威的声音？

学生:不,我想最好能在课堂上发表自己的观点。

"柏拉图认为,思想在本质上与内心活动有关,它是一种主观的情感活动。"

——阿尔弗雷德·诺思·怀特海(Alfred North Whitehead)[1]

高中阶段的主要情感特征是什么呢？学生的感知尤其值得我们去关注,因为感知往往对行为有着强烈的暗示。学生有一种感知:老师"故意为难"学生("他们总是考我们没有学过的内容")。学生的这种感知可能没有事实根据,但是如果他们对此坚信不疑的话,那么必然会影响学生对待教学的态度。还有另一种学生感知:运动员"都觉得自己更优秀",学生的这种观点可能也站不住脚,但是这种观念同样会影响不太合群的学生对待运动员学生的态度[2]。

虽然学校里总是会有一些不尊重他人权利的学生,但今天校园坏小子的形象却和以往有所不同。现在,学校鼓励教师多去了解学生,了解学生不同的性格[3]。比如,学生是否对动物很残忍？是否是家庭暴力的受害者？那么,关于这些需要了解的内容,老师们是否真的有能力去了解班级所有学生的背景呢？我认为老师们做不到。单单考虑到每位老师平均每天要了解多少个学生,就能知道老师们很难能根据预先设计的标准去评估每个学生的性格。事实上,我觉得当前的公立学校体制与学生的感受有些脱节,即使那些表面上像甜菜一样平静的学校也存在脱节的现象,因为老师和家长心目中的学校与学生在学校的真实体验不尽相同。虽然学校里每天都会激励学生认真学习、真诚为人,但基本上这是在浪费大量的时间和金钱。因为学校教育的目的是培养学生守时、懂礼貌、遵守秩序,强调外在的奖励规则[4],在这个意义上,学校教育很成功。况且公众也很乐意听到这类消息。根据全国民意调查[5],有52%的家长对学校的评价为 A 或 B,仅有4%的家长会给出不及格的评价。然而,学生却对学校教育怀有多种矛盾心理,以至于他们不能有效地利用学校的学习机会和教育资源。大多数学生并不是单纯因为热爱学习而学习,他们对自己的学校教育经历会进行准确的分类描述,为我们勾画出一幅不同的高中学习感受图。学生讨厌高中生活的枯燥乏味,却又喜欢校园里的社团文化;他们不在乎课程学习,对老师的教学也没好感,唯独热衷于自己所在的小集团——特别是当他们感觉自己属于某个小集团时,就会感到很愉快。(也就是说,在学校找不到集体归属感非常糟糕。即使身处一个安静的地方,学生也会感到压抑、心烦、困惑,甚至被孤立。)学生们并不一定想学习更多学科知识,但他们却特别愿意待在学校里。可见,我们面临的挑战就是通过了解学生的感受,以解决高中教育的困境。我们要研究学生读高中的动机,以便学校教育能够提高学生的好奇心和想象力,激发学生与同伴交流的兴趣,使之成为高中学习生活中强有力的组成部分。

在师范教育中,越来越多的老师出版个人教学心得。随着"教师之声"[6]作为一种文学形式的崛起,老师们开始明白自己并不是孤军奋战。不过,这种文学仍处于迷茫期,它就像我们听到的半个故事,因为老师们不知道故事的最后结局如何,不知道在哪里能听到学生的声音。非学术界人士在编著有关学校教育的书籍时,往往会挑选那些被极端数据包装的学校。那些有关经济落后地区的素质教育下滑的讨论往往有许多政治目的[7],而关于"问题学校"的著作则会成为超负荷工作的老师认为学生不喜欢学校的正当理由。如此混乱的社会环境中,学生怎么能认真学习呢?如果社会上的帮派可以赋予缺乏安全感的学生一种神奇的力量或者靠山,那么学校的辩论队就不会对学生有吸引力。当"金属探测器"和"密苏里州妥协案"同时出现在学生面前时,前者无疑更有吸引力。

当然,并非所有的学校都存在这些分歧。一些人非常关注影响教学的因素,他们很想知道如何可以不再纠结于诸如混乱的学习环境之类的问题,转而对常规的"教学方法"进行探讨。对校园枪击案[8]和种族冲突事件[9]发生率都很低的学校进行研究是否能有所启发?那些拥有80年历史的高中如何做到平静怡然?如何确保教育质量稳定领先?这些学校是否可以给我们一些启迪呢?在那些地处中产阶级中型社区[10]的学校里,学生犯罪率低、辍学率低,它们的教学管理是如何运作的呢?这些学校的老师和优秀学生获得奖励很平常,数学团队和地理学高手在国家比赛中屡屡获胜,合唱团在全国各地巡回演出,在卡内基音乐厅和国家大教堂演唱,学校啦啦队获得"精神奖",板球、篮球、排球、摔跤、网球或演讲、辩论队多次获得州冠军。在这些没有什么恶性事件或混乱发生的学校里,教学体验是怎样的呢?

可能有人会问,为什么要在乎学校教育的这些方面呢?最终的答案并没有让我们感到欣慰,因为即使从母亲那里得到的答案,也会带有欺骗性和片面性。也许,有的学生某一门课考了很高的分数,却发誓下半辈子绝不再碰他擅长的这门课程;冠军球队中也有队员希望取得优异的学业成绩;风光的学校也可能有学生会自杀;同样的表情可能表示内心的"平静"或者"绝望"。但是,就像人类学家在陌生的国度和文化中想要弄清楚"抽搐"和"眨眼"的区别一样,只有去探究真相,我们才会知道答案。我研究的三所学校——它们被很多家长引以为荣,为我提供了很难得的机会,使我能够安静地观察青少年学生在学校的体验和感受。对于一名从事师范教育的教师来说,就像炎炎夏日里喝了一大口冷饮一样,畅快无比。我赖以为生的工具很枯燥(课程理论教科书[11]),可能人们被困在小岛上都不会选择去读这类书吧。阅读这类书会扼杀想象力,课程理论教程没有清晰地描述学生在课堂上的表现。就像在图纸上学习舞步一样,学习者看不见任何节奏感。同样,仅仅通过阅读理论做教学研究不可行,若想了解学习环境,我们必须真正走进学校,去探寻学生的真实感受。

虽然本书的采访对象对于谈论改进教学并没有什么兴趣,但这并不意味着他们对学校教育没看法。事实上,学生们说起学校来滔滔不绝,大多数学生对学校心怀抱怨。他们对学校的一些事情有强烈不满,如对"自诩为校园明星的人","每晚花6个小时学习德语的怪人"被贴上"社会白痴"的标签,或者"可恶的老师"搞突击测验,等等。忽视学生对学习环境的感受,不仅影响教育的效果,而且妨碍人际关系的发展。从广义上来说,教育就是关于人际关系的学问。蒂姆(Tim)认为除了学习目标以外,教育目标包括一切。他说:"一个人之所以上学,就是要学会处理人际关系。"他提到的人际关系包括朋友、女朋友、队友、合唱队、表演队的演员和工作人员、老师、校长、主任和教练等。在采访中,我们注意到学生在谈论学习的课程时,他们会说一些自己经历的与某一门课程内容有关的事情,要么与个人情感有关("我不喜欢和数字有关的东西——除了电话号码"),要么是生活中实际发生的事情("当你,比如说,被那些三角形狠狠撞伤的时候")。

学生们提到学校的一些教学安排让他们有压迫感,他们感觉自己被迫遵守别人制定的教学日程。学生认为他们在英语或历史课上有权利去表达自己的观点,实际上却不得不接受老师的权威观点。另外,学生们感到一种来自追求高分的压力,迫使他们想要得到老师的青睐。令人匪夷所思的是,那些获得高分、深得老师喜爱的学生往往被同伴当作老师的"宠儿",这是一个被众多学生鄙视的称号。另一类学生——不被鄙视而被可怜的学生,我称之为老师的"弃儿",这些学生属于差生(典型的表现为学习不好),常会沦为老师"发飙"的对象。有一点令人很奇怪:学生在学校里很少违反校规,在校外则不然。学生觉得只要他们不在学校里,老师就管不着他们。比如,学生违章开车被警察抓到,老师则无能为力。

"烦恼"(第三章)在本书中是一个总称词,用来指学生的三种心理感受:无聊、气愤和焦虑。比如,以下几种情况会让学生感到无聊:老师一本正经地讲述轶闻趣事,却毫无幽默感;布置的作业形式一成不变;课程内容与实际生活毫无联系。学生使用很多生动的词汇来形容在课堂上的 55 分钟之内连续听到老师声音时的"痛苦"。当然,这种情况司空见惯,并不是什么新鲜事儿。如果说我预料到了学生的无聊,但我却完全没有料想到他们会因为什么感到气愤。比如,学生会因为搞派别而互相生气,换句话说,会因为别人不能容忍"圈外人"而生气,或因为别人以貌取人而生气。学生的焦虑则源于没完没了的测验和竞争,想要取得高分以及由此带来的普遍作弊现象。另外,我还了解到许多学生结识朋友或维持友情的有效方法就是一起参加聚会,他们通常会在一个可以喝酒的地方聚会。令我感到意外的是,在学校里谈论喝酒的学生人数非常多。其实,喝酒本身也是学生焦虑的原因之一,他们害怕被家长或辅导员发现,看到朋友醉酒或是发现在学校里最受欢迎的学生竟然是最可怕的违规者都会让他们不胜其烦。此外,学生还抱怨代课老师,认为代课老师不会在乎学生的存在,即使教室里空无一人,他们也无所谓。女生还谈到男老师对她们的忽视,认为男老师对女生的期望值很低。此外,学生有时很困惑,是因为老师会把他们当作大学生,上课时使用生僻费解的词汇,或者讨论专业性很强的学术问题,对高中生来说,这些毫无意义。

学生们表示,高中生活的重点在于能够拥有理解自己的朋友,这让他们觉得学校是值得待下去的地方,尽管不是特别吸引他们[12]。学生们很尊重能够让他们获得认可的老师[13],尽管这些老师很严格,会"踢你屁股",但他们真正关心学生的进步。即使老师的教学方式严厉,也会让学生觉得自己和学校紧密地联系在一起,是一个整体。这一点再次表明,学校最大的作用在于能让学生和老师共同建立一种集体荣誉感[14]。不幸的是,即使在一些成功的学校里,这种集体荣誉感常常产生于课后活动,比如体育运动、俱乐部活动或是艺术活动。我相信学校教育的失败(没有实现培养个性的目标)并不仅仅因为许多毕业生忘记了学校集体荣誉感的重要性,而是因为学生们自行结伴、相互依赖,老师却成为"群外人"。任何一个观察者都会发现,很多高中老师勤勤恳恳、友善可亲、乐于奉献,但显然这并不足以让每一个学生打破他们[15]自己的亚文化规矩,在课堂上一反常态、乖乖地听老师话或者积极配合老师。尽管学生说他们感到压抑、厌烦、困惑——我的现场笔记中有很多相关谈话记录,但是在我看来,学生似乎也是校园文化的积极缔造者,他们依据师生的不同角色把校园文化一分为二["老师在课堂上也不是什么都可以掌控的,因为班里有(如原文所述)比他更大的凝聚力量"]。中学老师在投入教育事业之后,通常会轻易忘记自己曾经学到的教学理论知识,忘记曾学过的关于学生发展的教育学知识,对此我感到很遗憾。如果中学老师能够谨记自己的职责是教学生,而不是教课程,那么学校教育的问题便会迎刃而解。因此,高中教育改革必须考虑学生在学习生活中的主动作用。如果学生强迫自己和学校的教学脱离,那就会加剧教师以课程为中心引发的系列问题。解决问题的关键在于:我们是否有办法重构学校制度,能否开展更多的真诚对话,促使学生耐心学习课程,和老师、同学耐心沟通。

注释

[1] Whitehead, Alfred North (1933/1964), *Adventures of Ideas*, NY: Free Press, p.148.

[2] 托马斯定理指出如果一个人主观上认定情形属实,那这种情形就会像客观真实的一样产生相应的后果,即自证预言。参见:Thomas, W. I. and Dorothy Swaine Thomas (1928), *The Child in America: Behavior Problems and Programs*, NY: Alfred Knopf.

[3] 实施学校暴力杀人的青少年的特征包括:有突然暴怒的历史;喜欢骂人,说脏话,暴力威胁;有带枪到学校的先例;有严重的校内或校外违纪前科;有吸毒、酗酒等其他物质滥用或依赖历史;没有同龄的朋友;对武器、

爆炸物等其他纵火装置有特别的兴趣;有旷课、停学或被学校开除的记录;虐待动物;几乎没有任何父母或成年人的关爱和监护;在家目睹虐待的发生或本身是虐待的受害人;被欺凌或欺凌威胁比自己小的孩子;喜欢把自己的问题或困难推到他人身上;总是喜欢暴力主题的电视、电影或音乐;在学校的作文或其他文字作品中体现出愤怒、沮丧、挫败和生活的黑暗面;和帮派、反社会团体有牵连;经常抑郁或情绪波动;曾威胁或试图自杀。见：National School Safety Center (1998), Westlake Village, CA.

[4] 学龄儿童的服从和守时特点的培养是为了现代资本主义社会能长期延续下去。见：Bowles, Samuel, and Herbert Gintis, *Schooling in Capitalist America*, NY: Basic Books; Peshkin, Alan(1978), *Growing Up American: Schooling and the Survival of Community*, Chicago: University of Chicago Press.

[5] Rose, Lowell (1991), A Vote of Confidence for the Schools, *Phi Delta Kappa*, 73, 2.

[6] Freedman, Samuel G. (1991), *Small Victories: The Real World of a Teacher, Her Students and Their High School*, NY: Harper-Perennial; Kobrin, David (1992), *In There With the Kids: Teaching in Today's Classrooms*, Boston: Houghton Mifflin; Palonsky, Stuart B. (1986), 900 *Shows a Year: A Look at Teaching From a Teacher's Side of the Desk*, New York: Random House; Schulz, Renate (1994), *The Past As Prologue: A Qualitative Study of the Roles of Biography and Teachers' Beliefs in the Practice of Teaching*, NY: Teachers College Press; Sizer, Theodore (1984), *Horace's Compromise: The Dilemma of the American High School*, Boston: Houghton Mifflin.

[7] French, Thomas (1993), *South of Heaven: Welcome to High School at the End of the Twentieth Century*, NY: Doubleday; Kozol, Jonathan(1991), *Savage Inequalities: Children in America's Schools*, NY: Crown.

[8] 根据1999年的统计数字,北达科他州因带枪到学校被开除的学生比例在全国是最低的,每年的比例是8/1 000 000。换句话说,在1997—1998学年,北达科他州有121 000名学生在231个公立学区和110所非公立学校读书,只有1人因带枪到学校被开除。来源:United States Department of Education and Planning and Evaluation Service (1999), *Report on State Implementation of the Gun-Free Schools Act*, Rockville, MD。

[9] 本研究选择的3所学校里有不到2%的学生是少数族裔。

[10] 根据2000年的国家统计数字,北达科他州25岁以上的人口是304 123。其中85%的人是高中毕业,25%的人是大学毕业,66.6%的人拥有自己的房屋,12.5%的人生活在贫困线以下,人口密度是9人/平方英里;相应的全国平均值分别是84%、26%、66.2%、13.3%、80。北达科他州的收入中位数是31 764美元(2000年美国普查),每年花在每位学生身上的平均费用是5 830美元,全国平均值是6 800美元。本研究中的2个学区有不到一半的学生符合午餐减免的条件。

[11] 这类书的详细清单见:Schubert, William Henry (1984), *Curriculum Books: The First Eighty Years*, NY: University Press of America, p.350。

[12] 68%的高中学生认为上学最好的事情是能见到自己的朋友。参见:Shell Poll (1999)。

[13] 49%的学生报告说他们曾遇到一位老师改变了他们的生活。参见:Shell Poll (1999)。

[14] 参见:Grant, Gerald (1988), *The World We Created at Hamilton High*, Cambridge: Harvard University Press; Lightfoot, Sara Lawrence (1983), *The Good High School: Portraits of Character and Culture*, NY: Basic Books; Oliver, Donald W. (1976), *Education and Community: A Radical Critique of Innovative Schooling*, Berkeley: McCutchan。

[15] 本文中,英语的男性和女性代词可以相互交替。

第二章 压 力

"如果他们逼着你去读书,这和强迫你去听音乐或赏画没有太大的区别……实际上,我宁愿去读一本《新闻周刊》(Newsweek),或者看几篇垃圾论文,也不愿去听老师分析讲解一幅美术作品,这就像把一幅画作撕碎成垃圾。"

——皮特(Peter),荣誉生,11年级

"由于在学校学习《李尔王》时的过分细致分析,使我至今都恨这部作品。"

——阿尔弗雷德·诺斯·怀特海[1]

对于那些高中生活已经过半的学生而言,"压抑"这个词最能描述他们的感受。诸如课堂进度(太慢)、日常节奏(太快)、教师缺乏激情("她的魅力太差了")或其他学生的高姿态("认为自己高高在上"的那些"耍酷的运动员讨厌鬼")之类的事情都让他们感到压抑。不过,学校制度却远没有像一些人想象的那样让学生感到压抑,当然远远低于家长给他们造成的郁闷。而在20世纪60年代,这些家长还是会于清晨8点钟在车道上举行抗议游行的充满激情的年轻人[2]。就新世纪的青少年而言,他们的压抑更像是一种低烧,使人长期萎靡,但却不至于要命。这是一种模糊的不满,会使他们警惕任何令他们不快的消息或者不公正的待遇。那些隐性的强制规则、潜规则,比公开的更让他们不满。公开的强制规则是通

过明确的规则来实施的,如违反制度就要受到惩罚,而为了获得肯定和关注,或者为了避免被忽视,就得服从隐性的强制规则、潜规则。

总体而言,学生在访谈中很少涉及学校的管理者。这可能是因为学生认为学校制度的不合理与管理者的个人品质无关。只有个别不公正的情况,学生认为与办公室人员有关,是由负责教学楼或文书工作的人员导致的。当然,教师们的情况就不同了——他们在学生心目中一直是最重要的。毫无疑问,这种重要地位源自老师和学生一起度过的大量时光,那些绝对的一小时连着一小时的时间,平均每年每班学生有六七位老师和他们一起度过约180个小时。事实上,每一次访谈都验证了这样一句谚语:课如其人——老师在教学生知识,学生在了解自己的老师。老师传播/教授知识的同时,也是在传播/教授他自己。["学生们知道老师什么时候要干什么,比方说,要管制你。(学生)能嗅出来,即刻之间的事儿。"]这一点在学生的谈话中得到了验证:他们在谈论一门课程时,三句话离不开老师。这对于老师来说,利好消息就是学生学到知识的时候会归功于老师;然而,当他们觉得一无所获的时候就会归咎于自己和老师的关系("现在,我的老师是L女士,我一点儿都不喜欢她,因此我这门课学得糟透了")。甚至,学校考试作弊的人数增加也会怪罪到教师头上["(体育老师)迫使学生为了得到A而在保龄球比赛中作弊,因为一些学生不想体育成绩拉低他们的平均成绩"]。学生们对教学的评价则因人而异。比较一下采访的2个学生,他们都自称是阅读爱好者,当时上的是同一个老师教的同一门课程。

约翰(John):英语!我为什么这么喜欢英语?我不知道。很可能是我有幸碰到了好老师吧。我个人认为,老师对你在这门课上的表现有很大的影响。你知道,我一直都遇到非常棒的老师。因此我对英语充满激情!我热爱阅读!热爱写东西。

下面是另一个学生的说法。

布莱恩(Brian):嗯,英语一直是我学得最糟的课程……英语始终让我困顿不已。我从来就没喜欢过我的英语老师。我听到很多有关D老师的故事,因此,当走进她的课堂的时候,我就知道,我不会喜欢这一年的……我认为她剥夺了我阅读的乐趣……我不喜欢读点什么东西,读完就测验。我喜欢真正的"阅读"。真正地读书,并享受其中的乐趣!

学生对学校课程的不同评价主要是对由老师主导的考评持有不同的看法。学生从上学伊始,便被鼓励去解读所阅读的东西(因为意义的理解和表达对于读写素养很重要),因此,当17岁的高中生不得不去阅读老师选定的阅读材料,而且还要在考试中给出老师对所选阅读材料的解释时,他们感到自己的权利被剥夺了("成绩就是场游戏,你玩这场游戏得到分数也就有了成绩")。上学那么多年以来,学生一直被告知要对所阅读的东西进行独立思考,而现在却被告知要按别人的观点思考["……他们说《大白鲸》(Moby Dick)是(某种)象征……(但)这就是一堆废话……我认为应该有自己的看法"]。在那些把英语列为最不喜欢的科目的学生中,大多数人认为他们被剥夺了权利。高中学生——已经开始思考他们的人生应该是什么样子之类的问题[3]——有进行独立思考的强烈愿望,想要拥有自己的观点。在英语课上,学生对这种"强迫观点"的抵触最多。学生认为英语课上应该有更多的自主权,应该允许他们自由地探索对作品的解读[4]。当学生发觉课堂上的开放式讨论变成考试中期望的统一答案时,他们感觉被愚弄了,有一种背叛感,而这种背叛感加剧了学生的抵触("英语就是英语,不是正误判断。它只是阅读")。他们原以为可以放飞思想,探索多种观点,结果却只能囿于一个观点[5]。这种悄无声息的变化所导致的剧痛——在那些需要或喜欢毫不含糊的评价的学生中——怎么说都不言过其实。对此,学生汤姆(Tom)生动地描述道:

"(老师)读一首诗——可能是一个吸食了毒品的家伙(写的)——作者所表达的意义可能有千万种,但是老师却只认可一种意义。倘若你就此和他探讨……他会想方设法否定你的观点,告诉你:那是不正确的。"

在谈论数学、科学或商务这类课程的考评时,此种痛苦就轻一些。显然,这些课程对许多学生来说很有挑战性,但是学生对考题期望的一致性削弱了他们的焦虑感。换言之,担心学习不够刻苦或者没有学习需要学习的材料,与担心没有发现问题中隐含的蕴意的性质是根本不同的。前者的危害是清晰可见的,而后者的危害则是模糊不清的、徒劳无益的。

另外一种焦虑感源自学生所说的"追求琐碎细节"的教学模式,历史和英语课是典范——学生又一次对英语课抱怨甚多。不管是哪一门课,只要学生认为被迫去掌握那些仅仅为了考试而实际上"丝毫无关紧要的东西",他们就难以忍受。"追求琐碎细节"体现出教师和学生间的信任危机。"考试成绩并不能体现学生的学科水平",学生轻蔑地说,而且很纳闷:为什么他们都懂这一点,而老师却不懂。

布拉德(Brad)：有一些考试，我在试卷上写的都是废话。我是说我根本不懂，只是写了一堆狗屎一样的东西，仅此而已。而老师给了我一个A。还有一些考试，我真正全力以赴地认真学习，但是她却吹毛求疵，莫名其妙地扣分，结果我自认为做得很好的考试，却得分很低。

他们的直觉告诉他们如今课堂上的教学模式与数代前作者的写作本意背道而驰。

皮特是一名很有思想的荣誉生，他将成为工程专业的大学生。该生每天只把大学预修课程(AP)的历史课本带回家阅读两到三个小时。他明确表示应该理解关注原著作者的观点，而不是其他人的诠释。他的想法不同寻常，认为学生如果掌握了一些基本技能，则不需要再到学校学习了。他可是一名优秀学生，有朝一日会对专业领域和社会的发展产生非同寻常的影响，作为一名教育者，我不太理解他这样的诉求。下面是他的原话：

"你知道，我刚发现自己憎恶公立学校的真正原因：学校扼杀学生对学习的热爱，泼灭学生的学习兴趣。对，就是这样，这就是学校从学生身上拿走的东西——对学习的热爱。结果是没有孩子再读书，没有人喜欢诗歌之类的东西。而我知道为什么会是这样，因为孩子们的兴趣被掐灭了。想要个例子吗？比如，我们正在读《我们的城市》(Our Town)，大家正读在兴头上，老师却说：'嗨，记下来。测验即将考这个。'（这句）'嗨，记下来'一点儿意义都没有！本来我们（已经）享受到了阅读的快乐！'记下来！''就要考这个！'把一切都变成了不得不做的作业。这个效果就和让一群根本不喜欢一个作品的人齐声乏味地朗读这个作品是一样的，是在完成任务！我认为原著作者本人从未想过要把它变成不得不完成的一份作业！"

教师的宠儿

"只有那些聪明的学生才会提问题。"

——卡罗尔（Coral），11年级

"我开始渐渐明白菲尼亚斯（Phineas）为什么能够为所欲为而安然无事。"

——约翰·诺尔斯（John Knowles）[6]

学生把老师看作权威，即成天管制他们的人。这种"他人控制感"说明学生把学校当作禁锢之地，把自己视为无能为力的群体。当然，他们已经习惯了这种模式，毕竟此时他们已经历了12年左右的学校教育。他们甚至都没考虑过师生权力的重新分配。库斯克（Cusick）[7]发现这种正式的学校超结构催生了一些非正式的、异常强大的学生社团。因此，即使一些大变革附带产生的小变革可以使学生在其中发挥作用，也并不是他们真正想要的。事实上，学生宁愿去掌管牙科诊所，也不愿意插手学校事务，而那些训练有素的人应该时刻准备做这项工作。学生去上课的态度和去牙科诊所补牙的态度是一样的：一件必需而麻木的事情（不过他们在候诊室里的表现可就大大不同了）。

在一种社会机构里，如果赋予其中一个群体的权力高于另一个群体，那么权力低端的群体（即使不想要权力）倘若想获得有限的资源,就有可能不得不讨好那些位高权重者。学校的有限资源就是老师的特殊宠爱,而这种宠爱的"恩典"会化为好成绩。为了赢得老师们的好感,学生们会花费很多心思。我们知道,青少年很看重人际关系,尽管有时候会自相矛盾("起先,我认为她会喜欢我,因为我们都来自圣路易斯")。令人惊奇的是,学生对学校各个方面的感受都恒定不变地受到这一角度的影响,甚至——我要特别说的——是在考评方面。克里(Kerry)的成绩反映了他所感受到的不同:

"他不是我最喜欢的老师……他过于偏袒。他对学生区别对待。一些孩子领悟力强,知道在做什么,他就偏爱他们,而对于那些不(知)所然的学生,他就真的不关心……我们在画(一个)基因学的(流程图),却漏掉了 A,漏掉了一个 B,又添加了 A,添加了 B,我都不知道自己在做什么,因为前几节课我不在。所以,当他走过来时,我走过去说自己不理解这一点,他就叫其他的孩子过来帮助我,可是这个同学也搞不清楚。于是,我(对老师)说:'请再给我解释一下这点吧。'而他却替我把图画好了。没有任何解释。接下来,在有关这方面内容的考试中我的成绩不及格。他就是这样一个老师。"

在我和学生的交谈中,有一点让人感到不安:学生坚信为了获得好成绩,必须让老师喜欢自己("她给出的成绩大部分都基于她是否恰巧喜欢你")。(我强压住自己没有指出他们可能混淆了因果关系:因为学生学习努力,所以得到老师的喜爱。反正他们是不会相信的。当他们看到有的学生成功地获得了老师的喜爱,他们就会在同学那里对此冷嘲热讽。)谈话过程中,"教师的宠儿"现象被频繁地提及,以至于我认为由此产生的困惑已经成为高中生活的一个主题。学生们把教师的宠儿分为两类:第一类长相帅气,有社会背景、体育才能("如果这些学生因为曲棍球比赛之类的事情而没有完成作业……她也不会催他们。他们随便编个借口就能蒙混过关");第二类成绩优异("我觉得从没看到那家伙笑过,但他与那些聪明学生却谈笑风生")。他们认为这些宠儿"毫不费力地"得到不配有的关注。

  珍(Jen):她眼里只有她最喜欢的学生。听起来有点怪异吧?但是,一开始你就能感觉到……你立马就可以感觉到,你一到那里,第一天,上第一节课,你就能感觉到……她不只是喜欢能说会道的学生,而是对她来说更有文化品位的学生——去明尼阿波利斯看戏剧表演,哒哒哒哒地说个不停,去纽约,去任何地方……可有人是根本不怎么旅游的!但是,她的宠儿就是那些去过的学生,比如,去芝加哥观看戏剧,你知道,我就想问"难道仅仅因为他们没有像其他人一样到处旅游,你就不给他们一个均等的机会吗?"你懂的?

  并不是所有教师的宠儿学生都喜欢这种称呼带来的名声。他们宁愿默默无闻地接受因自己的"魅力"而得到老师恩典下的好成绩,因为宠儿身份并不被同伴们赞赏。事实上,成为宠儿而被同伴排斥远比成为教师的弃儿得不到好成绩更令他们难以忍受。我询问过每一个学生:被课后留校和与陌生同学一起吃饭,哪一个更难?因成绩不好退课和每天要穿西装、打领带或穿套装、高跟鞋,哪一个更难?几乎所有学生都说:和陌生人吃饭比被课后留校更难;与班级同学穿着不一样比退课更难。学生想标新立异,但是要以他们自己的方式,而不是按照教师的标准。当然,有些学生不愿意被迫去拍马屁、讨好老师。他们非常坚定地拒绝成为"教师的宠儿"这种想法,以至于都不愿意采用正当的方式寻求教师的帮助,担心会因此被同学们看成从老师那里获取好处。

一名优秀生(下面一段引用了她的原话)会因为新闻写作课的老师只欣赏她一个人的好文章而极度痛苦,这让她被班级里比她分数低的同学们孤立了。这种"孤立焦虑症"毁了玛拉(Mara)最擅长的课程。从中我们可以看出,同伴压力是如何拉低学业成就的。她这样说:

"真是令人恼火。(老师喜欢我)真让我生气。我们被要求为我们的工作站写日志。我交了作业,可能应该得 10 分,结果,我得了 13 分,而不是 10 分,因为老师认为我的日志的确写得好。可是,当我的几个朋友取回日志时,发现只得了 D 或 F。而我个人认为他们写得和我一样好。不过,我也知道老师不喜欢这几个学生……我知道她喜欢我,因为她总是,你知道,和我说话?我就像……嗯,这确实让我处境难堪。我对她很生气……我看了他们写的日志,认为我的日志中有的内容他们都有。我这么说完全是因为读了他们写的东西,可不是因为他们是我的朋友(才为他们辩解)。我的日志和他们的日志之间的差别程度,并没有大到他们只应得 F 而我应得 A 的程度。我感觉糟透了,因为我知道老师不喜欢他们而喜欢我——我觉得可能是因为他们有时候不做家庭作业。你知道,他们有时候不安静,注意力不集中,而我在课堂上努力地专心听讲!你知道,有时候课堂确实让人感到厌烦,我(告诉他们)别在意!但大多数情况下,我都得到了高分。我知道有些同学被划为学习能力有缺陷的一类(原话)……而他们并不属于这一类!他们仅仅是不努力学习而已。因为从与他们的交流中(我知道)他们确实也交了(家庭作业)。他们并非比其他同学脑子笨或反应迟钝,(但)他们不是对任何事情总那么顺从。如果有怨气,他们就会直接说出来,而且会大声地说出来。他们的得分如此之低(原话)——而他们的作业和别人的却没有什么区别!这就是我为什么生气,因为我想说'你把我置于何种处境?'我认为有一部分原因在于她期望我会得 A,期望其他人会得 D 或 F。"

第二类教师的宠儿就是那些觍着脸讨好老师的学生,他们主动寻求教师的认可,为的是能得高分。这些学生被戏称为"马屁精"。学生在向老师低眉献媚的时候,老师们并不是总能察觉出来,或者说至少学生可能没有证据表明老师们察觉出来了("提问题最多的学生最招人喜欢。我知道有几个同学这样做只是为了获得老师的好感……很多时候,老师并不明白这些")。学生们长时间和老师待在一起,完全知晓他们的政治立场。功利心强的学生会毫不犹豫地利用这点换取好分数:

罗伯特(Robert):这就是为什么我们大多时候会大笑,因为我们编造故事写文章。例如,我的演讲课得了个 A。我们必须写篇演讲稿,而我写的是关于堕胎的。我以最投机取巧的方式写的……我说我个人的观点是反对堕胎,但是我认为不必每一个人都要像我一样反对它,诸如此类的。接着我写了自认为能打动(老师)的内容:我说我认为不应该把我们清教徒的观点强加在别人头上,这样我就得了个 A。

关于"课堂参与",学生们的观点有分歧。虽然倍感轻松的老师们喜欢学生参与课堂活动,学生们却对课堂参与满腹质疑:有人提了不少问题吗?那她肯定就是刻意表现,希望留下好印象,从而为获得高分作铺垫(而不是弥补知识的不足)。可能没有人真正在意这些问题。学生,至少是那些"受欢迎的"学生,因为过分在意自己的"重要性"而不会在课堂中提出真正的问题("如果你提很多问题,一定程度上会被认为是笨蛋。")。学习目标明确、态度认真的学生特别喜欢大学预修课,因为在这些课上他们可以提问,不用担心会被同学认为是书呆子或笨蛋。但是对于一般的学生而言,真实的青少年生活过于紧张,以至于他们认为那些热衷于枯燥平淡学习的同学假装、做作。另外,拍马屁要比学习容易得多。至少,学生们在听到朋友们承认自己口是心非的时候,他们开始使用赤裸裸的实用主义来应对分数政治的微妙强权。

戴安娜(Diane):是的,我的意思是,我不得不承认如果想得高分,就不得不做一些献媚讨好的事情,比如,向他们"秀"你至少在乎,主动提出做一些额外的事情,自愿做一些事,仅仅就是为了向他们表明你想要高分。倘若出现和其他同学就是一两分的差别此类事情,可以得A,也可以得B之类的事情,我就会讨好老师,为她做所有的额外之事,以此向她表明:我想要A,不想要B。

"教师的宠儿"现象最糟糕的情况就是妨碍草根群体的发展("她从整个班级中挑选出几个人,精心培养")。在我观摩的一节历史课上,教师每天都会先花费10分钟的时间谈论时事,然后话题很快就转到体育方面——高中队或大学队。坐在前排的两名男生,一个打高尔夫球,一个打曲棍球,常常参与这样的课堂评论。而一个女生,性格恬静,化学成绩突出,她就讨厌历史课。她认为历史"太简单",老师对宠儿的关注使班级散了架。

希拉(Sheilia):我的意思是那门课任何人都有可能不及格,我的意思是……

采访者:你认为怎样才能改变这一点呢? 老师能够做些什么吗?

希拉:你知道,他应该让我们感觉更像一个团队。可他总是挑选出一两个人。总是这样。这样做让班级很松散。因为总是那一两个人,只会让班级……看起来不像一个集体。

教师的弃儿

"如果她不喜欢你,她就是不喜欢你,她也就会这样给你分数。"

——旺达(Wanda),11年级

"在这里什么最重要,你明白吗? 科克伦(Cochran)?"利昂(Leon)模仿班级老师问道,"学校精神。常言道'一粒老鼠屎弄坏一锅汤',而我们却不这么认为。倘若我们意志不坚定,没有远大的目标、深厚的兄弟情谊,也许就会落入俗套。"

——罗伯特·科米尔(Robert Cormier)[8]

学生对于老师不喜欢他们感到很懊恼。一个高中毕业生在长达13年的在校学习期间,大概会遇到40多个老师。如果一个学生在读书期间没有遇到不喜欢他的老师,那他就特别例外——而且他不会想去炫耀这种例外。学生常冷冷地说:"哦,他讨厌死我了。"但是,他们并不总是知道这种"讨厌"的根源在哪里,这种困惑有时候比讨厌本身对学生的伤害更大。他们认为这种厌恶使他们在学业上的努力付诸东流("如果你和老师处不好关系,其他一切都没用")。事实上,他们接下来会遇到双重失败:功课没及格,人际关系也不好。

史蒂夫(Steve):整个初中和高中阶段,我几乎每门英语课程都得A。我一直都喜欢英语。今年这还是头一次我开始不喜欢英语课……整整(一年)我所有英语课都得了C。我也许永远不会知道为什么,但是,哦,她不喜欢我……演讲课我得了C,和英语课一样。而我认为不该得C,至少应该得B,可她在期末演讲考试中还是给了我一个C。我认为这一次也不应该只得这个分数,然而,她就是给我这么一个成绩……

从老师的说话语气里,青少年学生能够感受到自己"不受欢迎"。除掌握着分数的大权外,语言就是老师最有力的武器。老师对待"弃儿"的语气与对待班级里其他同学的语气绝不相同,从轻微的叹气到公开直接的敌对语气都有。这种"语气"的细微差别一定是语言学习中最难掌握的。只有长期生活在英语社区的人才会听懂和运用不同的语气,如"什——么?(Whaaaat?)""什么!(Whatttt!)"和"什么?(What?)",分别表达了三种不同的说话意图:不相信、不耐烦、不屑一顾(就像回答小屁孩的问题一样:想知道什么?)语言的使用,也就是说,词汇、句法、语气、音量、流畅度、手势、面部表情、体态和站立姿势都能表明所属的社会群体[9]。青少年常常使用他们自己的"方言"[10],把自己与成人区分开来。例如,家长每天习惯提醒孩子要做完家庭作业,才能与好朋友通电话。一旦电话铃响起,孩子会说:"老妈在发飙,得挂了。"

作者在调查中发现学生反复选用一个普通的词汇来描述老师们的一类说话方式。这个词就是"吼"("我讨厌老师当着其他同学的面对你大吼大叫……让你看起来就像个大呆瓜。我的意思是,甚至你根本没有做错什么!")。如果真像学生说的那样,教室里经常出现大声吼叫的话,路人就会看到学校教学楼的屋顶每隔几分钟就被掀翻一次。就像狗看到人挥手的动作就会吓得后退一样,虽然人是没有感觉的,可能当其他人认为听到的只是一种严肃的、事务性的语气,但学生认为听到的则是"大声吼"。事实上,我相信学生说的"吼"不是指分贝高,而是明显缺乏人情味的语气。这种说话方式不是抚慰式的,也没有体现出对学生"自我个性"的关注。诚然,这种语气会伤害到正逐步开始建立自我意识的学生("我不想问数学问题……我不想因走向前去问个问题而受到一番狂轰滥炸")。在整整一年的课堂观察中,我也听到过几个老师稍稍提高了说话声音。可是,学生的亲身感受却是老师对他们"大吼大叫""火山爆发""刺穿耳膜"等等。

每个学校和班级都有其不成文规定,是班级同学之间潜移默化、逐渐形成的,他们自己甚至都没有察觉。新来的学生只有在不经意间违反了惯例,才会明白这些不成文规定。通过违反规则来学习规则,这是融入一种文化或亚文化时最艰难的一部分。而成为老师的弃儿则是能够最快融入班级的一种方式。正如我们所见,一些老师对待他们所谓的"弃儿"可能采用爆发方式。而另一些老师则全然不同,甚至他们可能都不提高说话的声音。这些老师是如何贯彻自己的意愿呢[11]?一种方式就是执行制度时铁面无私(小学生会称之为凶巴巴的老师),使所有学生都养成听从老师的习惯,没有出现间歇性或长期性反抗老师日常安排的现象,整个班级井然有序,日复一日,斗转星移。虽然这听起来可能有点压抑的味道——尤其如果当这种模式是强加给学生的时候——事实上,中学生一般都不反对常规。或许是因为一视同仁的规矩让令人憎恨的老师的宠儿也得不到任何特殊关照吧。甚至连那些坚持对小说《大白鲸》持强烈个人观点的学生也会赞许严格的制度和规矩。严格与公平胜过随和与不均。

也许,实施严格制度管理的老师试图告诉学生一个道理:这个世界不会特殊关照他们。下面是我记录的一节化学课。我去听过多次课,总有那么几件事情会一再发生:本(Ben)心不在焉,老师对他连讽带刺;整个课堂气氛严肃,没有废话;课堂上不断提到家庭作业;老师贬损学生的个人需求。就好像那个T老师(Mr. T)在告诉学生:真实世界就是这样子。这个爱发脾气的T老师对违反制度的学生从不宽容。虽然在不受影响的旁观者看来他没有发脾气,可有关的涉事学生却不这么看。

化学课,1月份

肯(Ken)上气不接下气地跑到教室的后面对我说:"我总是把书忘在汽车里。我不知道为什么。"说完便冲向他的座位。今天教室里一阵嘈杂,孩子们都在说话。T老师一言不发,站在教室前面等。最终,有学生发现老师在等他们停止说话。

T老师:别理会我啊,你们说闲话的时间越长,做实验的时间就越短。

此话一出,所有学生都转过头,听他讲话。

T老师:在检查你们实验记录的时候,(我发现)你们实验做得的确不错。可是,你们的计算能力糟透了。

他一边说一边从教室的前面来到中间过道,转过身,停在贝姬(Becky)旁边,见她仍在和同桌说话,于是问:"嗨,有什么问题吗?"

贝姬:没有。

T老师(看到她注意听讲了,又接着说):找到你的实验伙伴,重新计算。不管你对自己的计算结果多么有把握,一律重做。

T老师在两人小组之间转来转去,确保他们在重做计算。每一组都有一个人拿着计算器。

T老师:你们俩一定是朋友啊,你们有三个一样的答案——可都是错的。

T老师(等学生回到座位后说):还有人没交作业吗?

史蒂夫(Steve):我还有一个作业需要交。

T老师(抬了抬眉毛):今天是最后一天了。你那天因为要参加学校的一个活动没来上学,作业应该提前交上来的,况且我已经多留给你一天时间了。

史蒂夫:但是……

T老师(平静地说):我多给了你一天时间啊。

史蒂夫(耸肩):好吧。

T老师(接着说):规定就是规定。

史蒂夫(开始回击):我没有和队友一起去参加那个活动。

T老师:但是你是以参加学校活动的理由请假的。

整个班级鸦雀无声,大家都等着这场小风波快点过去。

史蒂夫(小声地说):算了。(一脸苦相地躲到同桌的头后面)我当时不知道应该提前交。我怎样才能找到(材料)补上作业呢?

同桌(转过头来):史蒂夫,你知道你根本就不会做那部分的。

史蒂夫面带悔意地偷笑了,表示赞同同桌的说法。

T老师要求学生把作业传给前排同学批改。坐在第一排的学生站起来,走到教室后面,把作业交给最后一排的同学批改。

T老师:只要底部漏掉任何标志,就标记错误。不标出来对谁都没有任何好处。此时扣掉0.5分强过周五扣掉5分。周五就要考试了。出现任何错误,就意味着整道题错了。你们如果现在不把同学作业中的错误标记出来,他们考试时就会同样出错,那就更加害了他们。为了同学好,请把所有的错误都标出来吧。

学生们都在安静地批改作业,而肯的桌子上却什么东西都没有。

T老师:你的作业呢?

肯:我忘带了,放在学校的储物柜里了。

T老师:上初中后就要记得带好自己的东西,记住不要把作业落在储物柜里。

肯:我可以去拿吗?

T老师:不行。

肯:对不起。

T老师:别跟我道歉,跟你自己道歉,因为你自己要失去机会了。

肯(表现出懊悔的样子):对不起,肯——!

T老师笑了,全班哄堂大笑。学生花了很长时间批改同学的作业,修正其中的错误。只剩下15分钟时间用来做实验了。

T老师:请大家用15分钟完成实验,再花4.5小时写实验报告。这可不是开玩笑,请遵照执行。

所有同学都抱怨了起来。孩子们走向教室后面的实验台,用铅笔在实验器具的表面画了一个格子,有些格子画得太大,有些格子又太小。根据实验说明,他们用滴管往实验台上滴了几滴溶液,然后又滴了其他几种溶液,记录下颜色的变化以及结构形状变化。有些学生动作非常快,就像他们以前做过这个实验一样,刷,刷,刷,两人一组快速地完成了实验。有些孩子落在后面,动作很慢。两个曲棍球队员在一组做实验,他们穿着队服,因为当晚他们要和来自附近的一个州的球队进行比赛。实验结束后,他们把椅子放回到教室前面原来的位置,两个一组坐在一起共同完成实验报告。

和 T 老师一样,E 老师(Mrs. E)也恪守传统的教室规范,非常关心学生的进步。虽然她当面惩戒学生,却没有丝毫恶意,只当作行之有效的成人管理模式。(也许,比老师大发脾气更糟糕的只有老师压制自己的怒火。)她的课堂气氛可能并不活跃,但学生很敬畏严厉的 E 老师——学生称她是一个伟大的老师。她的班级里学生之间的关系好像也很密切。通常情况下,她会写满两个黑板的笔记内容,从左到右,满满两黑板。一上课,学生就要把黑板上的内容全部抄写在笔记本上。然后,E 老师就开始看着黑板上的笔记逐条讲解,类似于满堂灌的方式。在下面我的课堂观察笔记中,4 个倒霉的学生差一点就成为 E 老师的弃儿。尽管他们每个人都意识到了这一点,还是有一个学生没能及时逃脱厄运。

英语课,2 月份

课桌经过精心排列,与教室的门形成斜角。讲台在前面,靠左形成斜角。教室很拥挤,课桌一直排到角落。教室里贴满了关于学习的标语。布告栏上贴着"开卷有益",下面钉了几十个书封套。布告栏的画面是一个雪人,穿着滑雪衫,上面落满了雪片;还有一个邮箱,邮箱里的一份报纸上写着"总统日"。天花板上悬挂着一些印刷的格言。这些让整间教室看上去活泼可爱,就像小学生的教室,反正我可没进过这样的高中教室。布告栏的四周贴了18张海报,上面是关于不同流派作家的作品,有"文学评论与励志成功学""道德家与音乐家""超验主义与浪漫主义"等等。例如,排在超验主义作家之列有埃德加·爱伦·坡(Edgar Allan Poe)和威廉·华兹华斯(William Wordsworth)。教室里到处都是莎士比亚戏剧的招贴画,还有一张女演员杰西卡·兰格(Jessica Lange)在影片《啊,拓荒者》(O Pioneers)中的大幅海报。公告栏上写着:最新通知,请注意。下面有大约12个红色字母,是学生写的,有的字母采用绣花体,有的字母是画的,有的字母是书写体,约4~6英寸高。教室的后面放着8台电脑:4台面向教室,4台面对后墙。靠着两面墙的书架上有30或40本平装书,经典名著不多,却有《琼·肯尼迪的故事》(The Joan Kennedy Story)和珍妮特·戴莉(Janet Daily)所著的《兰开斯特的男人》(The Lancaster Men)。

几个学生穿着衬衫或夹克衫校服,都是学校的主题颜色。一个女生头上戴着一个巨大的彩色蝴蝶结。他们要为当天下午举行的州曲棍球锦标赛充当啦啦队,衣服颜色与球队队服一致。

教室里非常安静,学生们都在埋头写作。E老师小声向坐在前排的学生挤眼睛,以示友好。我坐在教室的后排座位上。(下课后,E老师对我说:"我甚至都没看到你进教室。"我回应道:"哦——我踮着脚进来的。")

在整个课堂时间里,E老师挨个把学生叫到讲桌前,低声谈论他们的作文。她已批改完学生的作文草稿,学生会把最终的修改稿交上来,用于区教育局的评估和学校留档保存。每隔5分钟左右,老师都会点一个学生的名字,然后这个学生站起来,走到讲桌前面。老师的声音很低,几乎听不到。过了一会儿,E 老师站起来,走向一个男生,把手放在他的肩膀上,低声和他交谈。五六个学生停止写作,观看老师如何对他进行指导,并交头接耳:"她说他需要重写……"学生与老师谈完以后,走回座位的过程中会做鬼脸,或把作文成绩悄悄地告诉旁边的朋友。

一个穿着粉色短裙、白色丝袜,梳着芭比娃娃发型的女生,隔着两排向一个体型稍胖、穿着一身运动衣的女孩问道:"你得了多少分?"对方说:"94 分。"一位金发女孩插话说:"我得了 100 分。""滚一边去!"那个穿运动衣的女孩喊道。其间,至少有 10 个学生停止写作,来听这场口头成绩汇报。两个女生的声音太大了,E 老师抬起头,朝着她们微笑,头偏向一侧。那两个女生察觉到了老师的目光,立刻停止喧哗。老师的指责是无声的。一个男生模仿了一遍老师的样子,对着自己的朋友挖苦地笑了两次。

和所有学生面谈过作文后,E 老师对着全班说:"你们自己把分数加一下,我也可能会弄错。不过,大家知道我出错的可能性很小(自嘲的语气)。"没有一个学生笑。接着,她对雷蒙德(Raymond)说:"我把你的成绩单上的成绩改了,你自己把作文成绩改过来吧。"老师的声音很大,全班同学都听到了。

一个叫迈克(Mike)的男生在座椅上侧过身子,他的长腿伸到拥挤的教室过道上,右胳膊肘搁在后面的桌子上,用左手在自己的座位上写字。

E 老师(无可挑剔的整洁优雅,注意到迈克不雅的姿势):迈克?

迈克:我只是……

E 老师(低声打断他):我要扇你。

迈克尖声道：但是……

E老师（眯起眼睛，威胁道）：又犯老毛病了吧？说说你的理由。

她的眼睛死死地盯着他看。全班学生嗡嗡一片，对这场师生间的僵局感到无比兴奋。迈克咧嘴笑了一下，不再和老师对抗，把腿收回，身体坐正转向前方。

E老师（以就事论事的语调说道）：特拉维斯（Travis），你今天要交作业，否则就扣你10分，以示惩罚。

特拉维斯（若无其事地说）：好吧。

接下来，所有学生又开始写作文。铃响了，学生鱼贯而出，就像听到口令一样，按部就班地走出教室。

下面是有关E老师的一个"弃儿"学生的案例。吉姆（Jim）把她气得束手无措，因而她就把他送到副校长办公室。然而，吉姆根本不知道E老师对他很生气，要不是同伴提醒，他都没注意到老师压制于心的怒火。接下来发生的事情也丝毫没有降低吉姆对E老师的认可度，他依然欣赏严厉的E老师。但是，吉姆对副校长则是毫不掩饰地蔑视，认为他很肤浅，只注重表面工作，把校长—老师—学生这种层级关系刻板地等同于军队里的等级制度。

吉姆：有时候所有的老师都会通融一下。总是这样啊。就像存在两条线一样。一条线是学校的规定，另一条线就是老师的规定，可能有先有后的，对吧？你可能越线……如果你越线了，你自己会知道的。

采访者：你是怎么知道线在哪里的？

吉姆：你只要闭嘴，乖乖听老师的就行。仔细观察其他同学遇到麻烦时……在E老师的课上，我学会了这一点。我总是随口说出答案,而她总要求我们举手再回答。如果你的答案巧妙又正确,即使你没举手,老师也不会生气。但是,如果你的答案毫无知识含量且不正确,她就会制止你。你知道,这就是规矩。我就是因为这个被叫到……副校长 S 先生(Mr. S)的办公室的。

采访者:就因为你没有举手说出答案?

吉姆:是因为我在课堂上随口乱说。

采访者:你到了副校长办公室,告诉他,你因为没有先举手就回答问题就被老师叫去他的办公室?

吉姆:对啊! 他让我在一份东西上签了名……告诉你吧,这个故事太有趣了。

采访者:洗耳恭听。

吉姆:嗯,是这样的。这是她第三次、第三次给我(警告)。是的,这是她给我的第三次警告,因为人人都会犯这样的错误啊。每个人都觉得自己的答案是对的,喊出来啦。她提了一个数字问题:"嗯,你们认为这篇文章应该写多少页呀?"我脱口而出:"2 页。"然后,我又接着(说):"500 页,1 000 页,100 万页。"这就惹她不高兴了。因为我以前也经常这样冒犯她(我认为这是个理性的分析!),就又说:"2 页"。其他同学马上说:"她会把你踢出教室的。"我就走出教室,(在过道上)问道:"我应该直接去 S 先生的办公室吗?"她说:"去吧。"你知道吗? 因为每次她都说这是最后一次,这是最后一次,所以当我那次真正被赶出教室的时候,我认为不妨就直接去吧。于是,我就直接去了 S 先生的办公室,并告诉他发生了什么事。他说:"好吧,那我们就想办法道个歉吧。"我说:"好的,我就去道歉。"他说不行,他要在场。我好像是说:"好的,没问题。"他说:"好,吉姆,你打算怎么说啊?"我说:"对不起,我不该随口说出答案?"他说:"等一等,现在我们演练一下。"于是,他让我坐在椅子上,就像当兵的一样:双脚绷直,背靠椅子,双手放在膝盖上,抬头,直视他的眼睛。而且,我不得不道歉。他这样开始教我:"吉姆,我起个头,你接着道歉。'E老师,对不起!我不应该大声喊叫扰乱课堂秩序。我应该举手才对。'好,现在你继续说下去。"

采访者:继续道歉?

吉姆:是的,他说:"现在接着说下去。"我说:"如果我这样做,不就像彩排一样吗?"他说:"对,就应该彩排一下。"我好像说:"这样做的话,就显得不真诚啦。"他好像说:"真诚不真诚无所谓,只要……"而我说:"哦,一般情况下,道歉都要诚心诚意。"而我真觉得很抱歉,因为她是一名好老师。你知道……英语课也是我最喜欢的课程之一。于是,我说:"不,我不会这么做。"于是他很生气,对我不满。接着,哦噢……你知道,我又被折腾了一通,演练了很长时间,反复练习道歉等等。接下来,第二天早上,当我走进办公室的时候,E老师就站在或者是坐在我旁边,没有直接面对我。她站或坐在我身旁对我来说非常,嗯,有"帮助"。她很……随和放松,我向她道了歉。完全不像我们之前演练的那样。为此,副校长对我的表现非常不满意。

采访者:是因为他就在旁边?

吉姆:是因为他就站在那儿,等着听我说呢。就好像……

采访者:你"脱稿发挥"。

吉姆(点头):过后他又和我谈话了。他很生我的气!但是E老师说:"哎,吉姆,你在我的课上成绩都是A,此事就翻篇了。"

采访者:太好了。

吉姆:是啊!

E老师和吉姆就像警察与罪犯一样,他们内心里都觉得法官很讨厌,于是手挽手离开了法庭。或许,副校长作为管理者的职责就是促成道歉,但他在这场情景剧中,显然是局外人。他无法和一贯严格要求却又关心学生的E老师相比,E老师十分了解自己的学生,明白他为自己没有遵守课堂规矩而悔恨。对吉姆来说,他知道E老师殷切希望自己能在学习中取得进步。而这位副校长仅仅热衷于做表面文章。当我们一想到吉姆会反复讲述这个("真诚不真诚无所谓")的故事时,就可以想见他对管理者权威的一再摈弃的样子,他还为此洋洋自得。

学生无须深入火中就能感受到炽热。看到某个同班同学"被列入黑名单",而他们完全不明就里,这时他们自己也会明显地同样感到不舒服("让整个班级情绪低落")。学生们所谓的大发脾气的老师的情绪变化无常。学生不喜欢老师动不动就发脾气。琳恩(Lynn),一名自制力强的曲棍球啦啦队队长,也是校排球队队员,称自己在学校就是一名普通生,她强烈地想为某位常常被"大喊大叫"的同学鸣不平,认为这极不公平。

采访者:为什么学生会不推荐某位老师呢?

琳恩:可能他们不喜欢班上老师的教学方式,或者因为老师对某些同学过于严厉,你知道吧?比如,我的英语课老师根本就不喜欢我。我知道,这是事实。我就不可能把她推荐给我的朋友。

采访者:你怎么知道她不喜欢你呢?难道她对待你……

琳恩:很不同。我们班有两位同学总是被她高声呵斥,而她对其他人则褒奖有加。有一次,我问她一个问题,而她对我大发雷霆,因为她对我说话时,我没有自始至终地看着她。这件事让我很不爽。后来我们之间还发生了其他几件不愉快的事情。再比如,我们班有一个男生,名叫托德(Todd),我跟他关系很好,一起上很多课。而她无缘无故地冲他吼叫,我不知道为什么。看到一个人坐在那里不明就里地被别人大吼大叫而一副不知所措的样子我就受不了。我坐在那里劝自己千万什么都别说,但我没忍住。而我知道接下来她就要冲我来了,我确实知道。果然,她转过头来,开始对我大吼大叫,说我是一个"不成熟的 8 年级学生",哦,我还可以说出几百个她吼叫我的名称,不过,这些无关紧要。因此,我和她相处得不好。

学校规章制度

"如果你陷于困境,我来解困。如果你因酒驾入狱,我就保释你出狱。"

——科尔·波特(Cole Porter)[12]

"我星期六和杰森(Jason)有个约会,那就是一起被老师罚留校。"

——11 年级学生的私语

当我请学生列举几条他们想改变的学校制度时,大多数学生的反应都是耸耸肩,一副何必多此一举的表情。从他们入学的那一天起,就全面学习了学校的规章制度,他们意识到想改变规章制度是不可能的。学生们确实会玩弄已有的规章制度,运气好的话,就会对他们有利。有人曾说过企业应该发明一种效率制度,让人无法钻空子。这种说法在这几所高中得到了验证。他们急切地向采访者再三声明:"我迟到却能不受罚"(达到极限,却不足以被罚留校),就像成人会休完所有的病假天数一样。为了逃脱训练,他们会假装受伤,而到了比赛的日子,他们则神奇地康复了;为了应付下一节课,他们会在上一节课发疯般地抄作业;高高地举起答题纸,假装在思考下一道题目,实际上是为了让后面的朋友看到答案;省下快餐钱,用于购买克里夫学习指南(Cliff's Notes)丛书;用弹力绷带缠住踝关节,以逃避体育课上的长跑;掐算好去矫正牙齿的预约时间,来逃避体育锻炼;假装忘记还戴着帽子或耳机,以便在走廊上溜达一会儿;课间,在过道里把车钥匙扔给一位好朋友,发出焦急的请求"替我挪下车!",以免警察开超时罚单(顺便说一下,这通常会引发下午三点半的惊慌:"我的车哪儿去啦?")。他们已经掌握了一个标准,用来判断可以违规多少次——大概一两次,却不会因此受到惩罚。老师们也清楚这一点,而且会提醒学生:如果屡次犯同样的错误,惩罚会逐步加重。我发现学生抗拒的规章制度仅限于这几项:在停车场逗留("你正在车里吃三明治,他们逼你下车离开。我的意思是,这很蠢。")、帽子("我喜欢戴帽子。家里差不多有15顶帽子。怎么就只有女孩子可以戴帽子?")、迟到以及未成年饮酒被开罚单后警察会通报学校。

在中西部文化里,守时被看作对他人的高度尊重。学校也按照社会规范严格培养学生的责任心。迟到的学生被惩罚星期六早上留在学校,且严格执行。许多学生(64%)[13]都长期兼职工作,经常睡眠不足。课外的兼职[14]使次日第一节课的上课效果非常糟糕。学生们希望迟到一两次或几次而不受惩罚。他们真正的怨恨在于父母写的请假条不能让他们免受惩罚。了解情况的家长写的请假条为什么无效呢?

未成年人非法持有酒精制品现象

卡林(Carin)(11年级):我喜欢一种烈性酒。叫做"思科"(Cisco)?我(去年)过生日时,妈妈给我买的。

采访者:真的啊。

"紧张的课堂学习如果是与日常的居家生活密切相连,那一定会触及人的心灵,促使一个人观察周围世界。"

——罗伯特·克尔斯(Robert Coles)[15]

实际上,有个老师也试图把课程内容与学生的生活联系起来,或至少询问一下学生的观点和反应。他希望这些内容与学生的经历足够相关,对学生足够重要,以引发学生认真思考。然而,一次偶然提及所带来的反应,即使一个经验丰富的老师也不能完全预料。一年来,随着这项研究的进展,当看到我给出的写有"难过"的提示卡后,学生即谈到朋友和家人酗酒过度的问题,这样的学生数量惊人。下面这个老师的课堂上,发生了令人惊奇的变化:

英语课,8月末

太阳烘烤着这间南侧教室的窗口;透过我的笔记纸,可以感受到课桌上福米卡贴面(Formica)散发出的热量。黑板分成了三栏,标题分别为"作业"、学校戏剧旧海报和"高三英语读物",后者配有多张作者和人物图片。这三个栏目用《纽约客》(The New Yorker)杂志的封面隔开。墙上平贴着美国国旗。一个多星期以来,这个班级一直在阅读小说《蓝水上的黄筏》(A Yellow Raft in Blue Water)[16]。

老师:你们的任务就是写一篇500字的作文,(假设)你就是一个生活在印第安保护区的土著少年,你的生活是什么样子?你有哪些经历?

科林(Colin)对乔什(Josh)说:500字啊?(抱怨)

帕米(Pammi)走进教室,迟到了5分钟。

D老师(Mr. D)停了下来,对她说:"我在讲要写一篇作文。"

帕米(耸耸肩,大声地说):哦!好啊!

她一边这么说,一边向教室后面走去,而她脸上毫无兴致的表情与她洪亮的回答一点都不搭界。

D老师(继续说):这是一个关于美国女孩成长的故事……雷蒙娜(Raymona)一直生活在她哥哥的阴影中……它的比喻意义:这是世界的末日……就是"世界末日"。

整个班级寂静无声。

学生(唐突地说):我们要在练习册上每道题下面写一个名字,对吗?

老师:是的。

老师在讲课的时候,约翰(John)一直都在读另外一门课的课本。

老师(继续说):美国的女性……贫穷……酗酒……这个小说里,谁受到酗酒困扰啊?

突然,10个学生大声说出了一个名字。所有学生立即齐声回答。课堂气氛一下子改变了,生气勃勃。只有后排的一个黑人男生没吭声。

甚至连约翰,那个埋头于另一门课的阅读作业而没有在听讲的学生,他头也不抬地就跟着大家喊了两声"Foxy"。老师听到了他第二次喊出的名字。

老师：对，是Foxy。

"哪个是你最喜欢的人物？"（没人回答。）

"雷蒙娜？"（没反应。）

"克莉斯汀(Christine)？"（没反应。）

"艾达(Ida)姨妈？"（只有科林一个学生举起了手。）

老师（点点头）：在某种意义上，艾达姨妈是小说中最有趣的人物。

D老师讲完以后，帕米若无其事地走出教室，就像刚才她进教室的时候一样。她走到地下室的学习障碍辅导室（Learning Disabled, LD）寻求写作辅导。注意：在下一周，帕米会拍拍她昏昏欲睡的同桌肩膀，给她看拿回来的作文，那是两三页打印的纸，得分"A"下面画了两道线。帕米令人难以置信地说："你知道我有多少作业没做吗？"10月份，这个18岁的高三年级学生将弃学，去亚利桑那州与男友相聚。

甚至连学生都注意到饮酒这个话题很受欢迎，它可以使原本没有任何共同语言的同学在教室展开讨论。

斯科特(Scott)：你知道吗？每个人都饮酒。我对酒并不那么感兴趣，你知道，只是给你举个例子。在我的演讲课上，有几个同学坐在教室后墙角：我，这个家伙——他是所谓的"烟民"，这个曲棍球运动员，还有另外一个女孩。在演讲课上，我们是好朋友，一旦离开教室，则属于完全不同的世界。嗯，他们三个，你知道，他们总是在谈论饮酒，他们只谈论酒。

饮酒学生的人数持续增长，令人忧虑。在北达科他州，9～11

年级的学生承认在过去的一个月中饮过酒的学生比例高达63％（全国的比例是51％）。在这些学生中，有47％（全国比例是34％）的学生承认饮酒狂欢，这也是过去的一个月中曾一次饮酒5瓶以上的学生比例[17]。这种趋势不断蔓延，涉及各种类型的学生（"我们有一些荣誉生沉迷于饮酒，应该接受治疗……一些学生安静而羞涩……但他们会说：我醉酒未醒，看不清东西"）。那些想喝酒的学生——有许多这样的学生——告诉我：他们一点都不费劲，就能搞到酒。父母不在时就喝家里的酒或找哥哥姐姐替他们买；找大学生助理教练帮他们买["一名（助理）教练对饮酒和性行为之类的事情的态度非常开放。因此你提出要求帮忙，他就会说没问题……"]；让那些比他们高一年级的大学生邀请他们去参加大学聚会；利用在高尔夫俱乐部送酒的工作机会偷酒。他们还会在停车场等着，请顾客帮他们去买酒（当然，会支付一点小费）；为上大学的学长送比萨，接受几罐啤酒作为小费；或者伪造身份证，买酒的时候如果店员要求的话就出示一下假证件。他们每一个人都会逐步知道，镇里镇外的哪些卖酒的会不看证件而直接卖酒给他们。

在我的采访调查中，主动谈论饮酒话题的学生的人数非常多。我的采访并没有直接涉及饮酒的问题，但是这个问题随着学生回答一些提示卡的时候出现了，如写着"左右为难""伤心""忧虑""坚定的信念"等词语的提示卡。许多学生说自己是"聚会人"，这是一种和朋友一起饮酒的委婉说法。我请所有学生完成这样一句话："老师不知道我……"，他们在完成这个句子时承认了这一点。学生的如实回答是个悖论：虽然他们中许多人，即使不是绝大多数人，承认饮酒，但他们相信——饮酒是一个主要问题，迟早会引发悲剧——成人应该更坚定地反对青少年饮酒。比起学生怨恨老师的冷漠或装聋作哑,学生更加怨恨老师、教练和家长面对学生饮酒时表现出的无能为力的样子。(谁又能谴责他们这种态度呢?一直有传言说,有些家长在地下室的"娱乐室"为未成年孩子提供啤酒,认为这样的话他们至少可以知道孩子在哪里饮酒,这样比子女在外面"偷偷摸摸"饮酒好得多。)一些运动员的故事让人五味杂陈。有的人嗓音条件好,是合唱团的主唱,而"未成年人非法持有酒精制品"罪却没有按照规定使他失去唱歌的资格。有的球队队员刻苦训练、长期参加每节训练课,而比赛时却被教练用能力强的队友替换掉。尽管该队友非法饮酒,按照规定是不允许参加训练和比赛的,却轻而易举得到教练默默的原谅,对此队员感到非常愤怒。

然而,其他学生不赞同学校的一项管理制度。这项制度要求警察把因未成年人非法持有酒精制品而被拘的学生通报学校。他们普遍认为对"在某个场所或汽车中持有开罐的啤酒或烈性酒"的惩罚应该减轻。目前的惩罚是:暂停学生的一切校内活动,为期6周,包括没有喝酒只是作为安全驾驶员载了喝酒的同伴,他们就失去各种参赛机会了["(6周)即为相当严厉的惩罚了。对于网球和高尔夫球运动员来说,就是整整一个赛季……你完了,彻底完了"]。我们回忆起学生们很好奇老师对他们的看法,他们认为老师们的印象会影响给他们的成绩。如果学生被报告饮酒,他们就坚信这会影响老师对自己的评价。他们没有机会向每一个人解释当时的情况,这些人只知道拘捕这个事实。而学生在6周内被暂停校内活动,又会让这个消息更多地成为公众话题。

克丽斯塔(Krista):我认为学校对我们的个人生活管得太宽了……我认为学生饮酒被拘的时候,学校不该再施压。我的意思是,好像学校试图比我们的父母还要管得宽。你知道,学校正试图做我们的父母。我只是认为他们没有权力介入我们的个人生活。这让上学变得无趣。

采访者:你有没有朋友的家长从学校这里得到他们饮酒被拘的消息的?通常他们是从警察那里得到消息吗?

克丽斯塔:噢,是的。他们是从警察那里得到消息。但是,所有的老师也都知道了……有一次我也是这样的。

采访者:那你是否感觉到老师对你的态度与以前不同了呢?

克丽斯塔:嗯,有的老师是这样。他们看到你时(老师之间)会说"……真是个坏孩子"。我和她(学校的那个行为指导员)走得很近,凡事都会和她说。然而,连她也对我的事情说三道四。她说我不能再去参加年度舞会。我是在年度舞会之前的那个周末收到的(饮酒处罚单)。事实上,我当时并没有喝酒,只是司机,却也得到了"非法持有"罚单。她对我说不应该再参加年度舞会。我真不敢相信她会说出这样的话。学校确实影响了……

采访者:学校不让你去?或者,你父母不让你去?

克丽斯塔:不。我确实去了。学校本来也不让犯了非法持有罪的人参加年度舞会。我只是不相信真的会这样。我认为真的与学校无关,事情发生在校外……因为"非法持有"就会受到处罚,暂停6周校内活动?所有的校内活动。嗯……这让人有些悲哀,你知道的。

采访者:学生们向我诉说了……事实上,你是试图帮助他们,而你却和其他同学一样受到了惩罚。当时因为你没有喝酒,才指定由你当司机吗?

克丽斯塔:是的,我一般不喝酒。我不是说我从来没喝过,也不是说以后不会喝,但当时我真没喝酒。我是清醒的,而且……

采访者:好吧。你父母从(警察)那里得到的消息?

克丽斯塔:是的。警察打电话让他们到警察局去,夜里12点必须把我接走。因此,他们很不高兴。我被惩罚,车被扣[长达]一个月。周五我刚拿回了驾照,因为现在法院要把车扣留30天。现在,我取回了驾照——因此很高兴。

一项针对全国青少年饮酒原因的民意调查[18]显示,青少年饮酒的原因取决于他们调查的对象。87%的家长认为青少年饮酒出于同伴压力。但是,79%的饮酒青少年说饮酒是"为了嗨"[19]。据本研究中的学生自己估计,60%~80%的高中生至少偶尔会饮酒(北达科他州的实际比例是63%)。本调查结果(虽然与成年人的观点相悖)得到了不饮酒的学生证实,他们说并不存在饮酒的同伴压力;他们声称初中时的同伴压力大,高中时则不然["他们甚至对我根本构不成压力。他们自己去饮酒。哦,是尼克(Nick)呀,他不喝酒的……别管他。""最初,他们排斥我,但现在都接受我了。刚开始,他们会认为我可能令人乏味……现在,他们在远离聚会的校园见到我,就会和我说话"]。高三年级的学生不再对不饮酒的同学抱有意见。毕竟,他们说,少一个人喝我们的酒更好。

特里(Terri):没人强迫你喝酒。你知道,参加一次聚会就会明白。聚会仅仅是社交活动。如果有人不喝酒,没什么大不了的。你不一定要喝酒……只要在场就行……参加聚会本身就是最让人激动的事情,因为你知道现场没有一个(成年人)。你想做什么就做什么……再说,在镇上又没什么可做的。比方说,开车沿着闹市街道兜风?那有(多少)乐趣?你只能沿着那些路开那么几次,然后就是到周边绕绕……偶尔我们也会玩玩保龄球……我们大约凌晨两点出去玩,因为在凌晨一点前那里都没位置。最好玩的就是参加聚会。前段时间的聚会都是由麦迪逊中学(Madison High)的学生举办的……学校放假的那一天,由麦迪逊中学和杰弗逊中学(Jefferson High)合办了一场聚会。那真不错。很多人都去了(在人烟稀少的郊外)。就是说,甚至你都不相信有些人会到那里喝酒。我的意思是,我们的明星运动员,来自每个球队,都去了,那次真开心。

弗兰(Fran)自己不喝酒,但她会在朋友们需要帮助的时候照顾他们。

采访者:如果你去了——例如,去啤酒聚会,你会不会拿着可乐四处走来走去?

弗兰:我会啊,很简单。我们一起玩游戏,其他人手里都端着啤酒,我手里却拿着可乐。他们会问我:"上帝啊,弗兰,你已经喝醉了吗?""没有,对不起。"就这样,没什么大不了的啊。因为他们知道我是这么想的……我的意思是,我过去常常参加聚会,我清理过墙上的呕吐物,因为(他们)醉得太厉害了,会把人家漂亮干净的房子吐得一塌糊涂,而这种事是不会发生在我身上的。就是说,我已经学会如何应对那些……我有一个好朋友——他曾经是我的男朋友——坐在墙角哭,因为他以为我恨他;另一个女生也坐在那里哭,她也以为我恨她,因为他俩开始约会了。那天,我和当时的男朋友一起去的聚会。他(也没喝酒,很清醒)奔跑着去追赶那个女孩,因为她正在泥坑里跑来跑去。外面正下着雨,就是……糟透了。我帮他们处理了很多事情:把他们送回家,把他们扶进屋子。

我曾经和这样一个男生约会过。我们大概相处了7个月,刚开始约会时,他喝酒很凶。一天晚上,我们参加了一个聚会,他醉得太厉害了,回不了家。我把他送回家,将他放到床上后就离开了。第二天,我说,杰里米(Jeremy),如果我再看到你喝酒,咱们就完了。他有7个月没喝酒。但是,我们刚开始约会的时候,他几乎就是个酗酒者。他每天晚上都喝……不断地辞职,最后干脆不工作了。喝酒太浪费钱了。我不想看到类似这样的情况:喝醉酒的第二天早上还要吐,却记不得头天夜里做了什么。

200年前,卢梭(Rousseau)(他本人的家庭生活不幸[20])说快乐的家庭生活是治疗社会恶习的灵丹妙药[21]。在当今时代,他的话依然千真万确。很多研究数据表明,青少年不喝酒的主要原因是害怕家长的反应[22]。这一点在我的采访中得到了证实。很多学生说他们有很强的负罪感("酒后次日,我的感觉很糟糕,因为让所有人失望了。在家人眼里,我是那么完美,为此我不经常喝酒。")、特别担心("我担心什么呢?被当场抓获……")或者特别害怕("如果我爸看到我喝酒,他真的会很生气的。")。严厉的家长仍然有权支配孩子的生活——如果孩子明白父母会强制执行的后果,就会遵行("我妈说如果看见我喝酒,我就必须告诉球队我不能再打球了。")。

那些遵守学校规章制度的运动员会发现他们在赛季与社交活动无缘("我的意思是,在比赛期间,我甚至不会想要出去聚会。不过,因为知道我不喝酒,他们通常也不请我去参加聚会。")。女运动员令人同情,她们的教练很严格,不论是否在赛季,一旦发现她们参加饮酒聚会,就会执行暂停校内活动的处罚。这条制度严格限制了她们的社交活动,朋友们发邀请函的时候,也就忽略她们了

["带(原文如此)她去有何意义啊？如果要去参加聚会,你总不能带一个去不了的人吧"]。任何球队都需要所有队员头脑清醒。因此,毫不奇怪,许多运动员要求更加严厉地惩罚那些被宠坏的队员,他们毁掉一场比赛,甚至——如传言所说——连累球队失去冠军["他们只想着(州锦标赛)赛后出去聚会,整个比赛期间只想一件事——聚会"]。他们希望、赞同采取严厉的处罚:禁止那些队员参加比赛("因为他们很多人喜欢运动,如果被禁赛,也许就不再喝酒了""如果你不在乎球队的表现,就不应该再待在队里")。不论运动员们是否真的如此,人们普遍认为运动员常年都在饮酒,或许是一些名声不佳的运动员使群体蒙冤("啦啦队队长和大学生运动员——他们很受欢迎,认识一些大学生,经常参加大学生聚会——他们往往会喝酒更多些。")。或者因为被取消参赛资格的消息会迅速传开,他们饮酒被拘的消息就比一般同学的更加广为人知。正如由于害怕赛场上的激烈竞争,很多学生不愿参加球队选拔,有些人则由于担心球员间酒量的竞争,而不参加球队。

埃里克(Eric):我在10年级时是冰球队队员,参加乙队的比赛(Junior Varsity,JV)。今年我不在球队,因为,呃,我不喜欢球队那些家伙,一群混蛋。我不能像他们那样喝那么多酒……我真的比不上他们,这成为我在队里遇到的主要问题。因为不能每个周末都出去喝酒,就有点不合群的感觉。因此,我现在就在公园等地方打打冰球。

有一句古老的保守派谚语:法律最终会产生与其意图相反的效果。很难想象禁酒令会让更多的青少年开始饮酒。杰基(Jackie)的行为证明了这一点。她是一个天生的运动员,参加多项运动项目。像埃里克(上文中提到的)一样,她决定不再打篮球也和饮酒有关。倒不是因为她不能像其他队员一样聚会喝酒,而是害怕她那个非常严厉的篮球教练,因为最终教练会因她的社交生活而把她赶出球队的。那样,她父母就会知道一切。杰基为了聚会的快乐时光而选择了退出球队。她可以在"家人"那里无限期地隐瞒她的聚会饮酒,却骗不了那个说一不二的教练,R 教练(Mrs. R)。

杰基:只要出现在聚会中(就会有麻烦)。但是,这样太苦了。R 教练定了一个规矩:如果被发现饮酒或出现在聚会中,你就被取消三场比赛。不论和谁在一起,在车里或任何地方。只要发现车里或者现场有酒,就被停赛三周。这个规定成为我放弃打篮球的原因之一。因为我有很多朋友都参加聚会,而我知道自己说不定哪一天就会被驱离球队,那时我得为此向爸妈再解释一番。这有意义吗?就是说,我知道我会坐冷板凳。那么既错失聚会,还不能参加比赛,为什么还要去参加训练呢?没有道理嘛!看看裴吉(P. J.)同学,她非常想参加聚会,她想和别人融入一体,但是篮球对她非常重要。(运动员面对的)诱惑多多,却分身乏术。如果你想认识更多的人,就必须参加聚会!聚会让你遇到各种人。

高中生饮酒并不局限于晚上的聚会时间或者比赛期间。有的学生会回到独自一人的家里饮酒,或者开车到某个地方喝酒,午饭时出去喝一杯再回到学校("放假前的几周,我们学校的学生会出去吃午饭、喝点酒,然后再回学校")。很难估计有多少学生这样做,但是发生的频率一定足够高,所以他们才会在交谈中不由自主地提起。

谢莉(Shelly):唉,有一次——真让我惊奇——其他同学一直可以侥幸逃脱。而我，我出去喝了一杯酒，只是一杯酒。我出去了一个半小时，因为午饭后就是一小时的自由活动时间。一杯酒：朗姆酒兑可乐。喝了一杯，我就回学校了。结果，F老师（Mrs. F）开始没完没了地找我麻烦："你是不是喝酒了？""谢莉，老实告诉我，你是不是喝酒了？"我只喝了1杯，当然不会回答"是"。你知道，即使我（说出真相），她也不会把我送到校长办公室。但是，她看起来对我如此关切！撒谎让我特别难过。我（已经）惹了麻烦，可撒谎让我感到很难过。

采访者：她站得离你很近？所以她……

谢莉：我要求去一下卫生间。她跟着我走到半路就问我，而我回答："没有。"我的意思是，我能说什么呀？她说，你坐在座位上，一股酒气。我答没有。而你知道，（老师）她完全信任你。从那之后……那是我第一次，也是最后一次，在上学时间喝酒。

　　因为我一整天都会在学校里进行观察，这样我的时间在某一天就会和一些学生的时间多次同步。艾伦（Alan）同学在第7节课上的表现与我在早晨（8：00）的课上所看到的全然不同，他有时候就像是两个完全不同的人。那天下午2：30的时候，他简直就是人来疯，脸涨得通红，大嗓门，无理取闹。艾伦在访谈中告诉我，那年他的一位亲人去世了，从此，他的成绩由全A下滑到全D。他说他只在周末喝酒，但他的行为举止让人产生怀疑。

英语课，2月份

　　教室非常吵闹，这是今天的最后一节课。一名男生和一名女生在教室两头相互盯视。

女生(挖苦地说):我也爱你,迈克。

男生(对她说):太糟了,我没法回应你。

女生:嗯?

男生:太糟了,我没法回应你。

女生:你没法什么?

男生:回应。回应。我没法回应你。

那个叫艾伦的男生也在教室里。早上在化学课上,他就一直在独自安静地学习,没有和我或其他任何人说一句话。看到我,他有点吃惊,突然大声说:"哇哇,我们一起上了三节课啦。"

教室依然一片嘈杂。

老师:因为我们有位客人,你们就异常兴奋。

看见我坐在教室后面,这位女老师对我说:"我们平时不是这样""平时不是这样",她一连重复了三遍。终于我忍不住了,说:"我相信。"

艾伦:她一直在学校。我上第一节课时,她就在教室里(这话在我听来就像说"你应该有自己的生活,不该耗在这里",但他非常友好)。

老师:你都11年级了,怎么还像个1年级的学生一样?

艾伦(对老师说):你脸红了。

老师:嗯,我很生气。你为什么表现成这样啊?

老师站在教室的前面,离艾伦大约有10英尺远,于是他马上开始和几个同学讲起话来。

艾伦:我有三个啤酒聚会要参加,一个在(听不清:情人节?),一个在(听不清:圣帕特里克日?),还有一个在今天晚上。

男生(迅速地瞟了一眼教室前面,看看老师是否听到他们在说话):哦,你的意思是我们要在 Kegs(汉堡包铺)碰面,是吗?

艾伦:是的,对,我们就在 Kegs 碰头。

老师没有任何反应,好像没听到他们在说话。

女生(对艾伦说):昨天晚上我喝得烂醉。

艾伦:哦,你没喝那么多呀。

艾伦(对同一个女生说):一天之内我从52分升到94分……我申诉来的。

女生:你怎么做到的?

艾伦:是这样,我之前没做作业,但后来把作业都交了,还做了点"额外的功课"——拍马屁。

女生:你最会废话啦。

艾伦:对,我就是会瞎扯。

喧闹在继续,老师看起来被激怒了。

老师:请大家拿出一张干净的纸。不是小测试。小说主人公哈克·芬恩(Huck Finn)说了什么?

学生茫然地看着她。

老师:为了提高小组讨论成效,你们每个人应该做什么?

艾伦:加入心理小组。

老师把他们分成三四个人一组进行讨论。有些学生转过身子;有些学生嫌麻烦,根本就没动。

艾伦:我们可以作为一个小组来回答这个问题吗?

老师:不行,各做各的。

老师在各个小组之间转来转去。

老师(对一个男生说):你在干什么?

男生(断然地说):回答问题啊!

老师:很好。把你的椅子转过来,和小组分享下你的答案。

这位男生难以置信地摇了摇头,叹了一口气,好像在说怎么做都不对。

老师:不,不,做得很好。我很高兴你在回答问题,只是把椅子转过来。

学生们指派一名同学到教室前面,把大家的答案放在投影仪上,全班同学一起看,一个接一个,每个同学都有机会当5分钟的老师。汇报答案的和写答案的不是同一个学生。轮到艾伦的时候,这个啤酒聚会的组织者费了好大劲才把投影仪调整好,全班同学们嘟嘟哝哝,怨声载道,说他们看不见。

艾伦:哎,别吵了。

老师:艾伦。

艾伦:我应该把太阳镜带来。我看不见自己做的笔记,也就没法和大家讨论我的答案。

当他读小组其他同学的答案时,嘲讽的语气越来越明显。

艾伦(汇报完毕):我讲得怎么样啊?

老师:好了,下面谁来汇报?

没有同学回应。

艾伦(回到座位,大声地说):快点吧,你们这些懦夫!

老师(平静地面向全班说):虽然他有些话多余,但也无关紧要。

到了年末,艾伦的粗鲁和狂暴行为(在第三章中也会提到)让F老师忍无可忍,她在课上常把艾伦送到校长办公室,她告诉我这个班的学生很聪明,是她带过的最好的班级之一。另一个学生说艾伦在化学方面"有才华"。但是,在本学年的最后一周,他连续5节

英语课待在副校长办公室里。在访谈中,艾伦看到写有"愤怒"的提示卡时,反应如下:

> 艾伦:愤怒? 我不得不说,嗯,这个学校的所有老师和我父母都让我生气。我对他们给我施加的所有压力感到愤怒。你看,我有一个哥哥,他不太聪明。一般情况下,他的成绩都是 C。如果他得了个 B,你知道,父母会说:"哦,太好了! 这门课你得了个 B。"如果我在学校得一个 B,回到家中,他们就对我吼:"这门课你怎么才得了个 B?"我妈没有我爸吼得多。但的确是给了我压力。还有,那个 M 老师(Mr. M),每次把我叫到他的办公室时,我就从心底里恨他。就比如,上一次去他的办公室,那儿还有另外一个老师。M 老师说:"哦,好吧,既然你在这儿,我们就看看艾伦的档案,看看我保存的档案(原文如此)。"你知道,他为什么要把我的档案给这个人看? 我甚至都不认识他。后来,我得知他就是下一年即将上任的副校长时,才不那么难过。但是,你知道,都不经我许可或征求我的意见(挖苦的语气)。或许,我不想让他们在那个时刻看我的档案呢! 但是,他拿起我的档案,说:"你看,艾伦,有非常好的潜质。他学了所有的大学预修课程(AP)。"接着,他说:"不过,他总惹麻烦。"又说:"他的麻烦就是不会闭上他的嘴巴。"我真想马上离开,闭上我的嘴巴,同时把我身后的门也闭上。但那样的话,就会让事情变得更糟。

注释

[1] Whitehead, Alfred North(1948/1974), *Science and Philosophy*, NY: Philosophical Library, p. 45.

[2] "美国人内心不热衷于政治和政府(从 1973 年到 1993 年)。美国人在回

答对华盛顿政府的信任问题时,回答'只是有时信任'或'从不信任'的比例从 1966 年的 30％ 上升到了 1992 年的 75％。"来源:Putnam, Robert D. (1995), Bowling Alone: America's Declining Social Capital, *Journal of Democracy*, 6(1), pp. 65 - 78。

[3] Swanson, Dena Phillips, Margaret Beale Spencer, and Anne Petersen (1998), Identity Formation in Adolescence, *The Adolescent Years: Social Influences and Educational Challenges: Ninety-seventh Yearbook of the National Society for the Study of Education*, Chicago: University of Chicago Press.

[4] Perry, William G. (1968), *Forms of Intellectual and Ethical Development in the College Years: A Scheme*, NY: Holt, Rinehart and Winston.

[5] "但是先征集学生的观点,然后给出教师的权威'真理',这多是源于标准化考试的压力。标准化考试认为学生的观点基本上和教育无关。邀请学生参与又无视学生的观点,这突出表现在先进行激烈复杂的讨论,然后回到传统的抄写黑板上的内容或记老师讲课的笔记。"来源:Fine, Michelle (1991), *Reframing Dropouts: Notes on the Politics of an Urban Public High School*, Albany: SUNY Press, p. 45。

[6] Knowles, John (1959), *A Separate Peace*, NY: Bantam Books, p. 18.

[7] Cusick, Philip (1973), *Inside High School: The Student's World*, NY: Holt, Rinehart and Winston, p. 175.

[8] Cormier, Robert (1974), *The Chocolate War*, NY: Doubleday, p. 166.

[9] Burling, Robbins (1970), *Man's Many Voices: Language in Its Cultural Context*, NY: Holt, Rinehart and Winston; Hymes, Dell (1974), *Foundations in Sociolinguistics: An Ethnographic Approach*, Philadelphia: University of Pennsylvania Press.

[10] "志趣相投的人的话语定义了社区及其产品"。来源:Berkenkotter, Carol, Thomas Huckins and John Ackerman (1989), Social Context

and Socially Constructed Texts: The Initiation of a Graduate Student into a Writing Research Community, Berkeley: Center for the Study of Writing, Technical Report No. 33.

[11] 谦虚和不谦虚老师的比较。参见：Mohatt, Gerald, and Frederick Erickson (1981), Cultural Differences in Teaching Styles in an Ojibwa School: A Socio-Linguistic Approach, in Trueba, H., G. P. Guthrie and C. Au, eds. (1981), *Culture and the Bilingual Classroom: Studies in Classroom Ethnography*, Rowley: Newbury House.

[12] *Friendship*, by Cole Porter © 1939 (Renewed) Chappell & Co. All Rights Reserved. Used by Permission, Warner Bros. Publications U. S., Inc., Miami, Florida, 33014.

[13] 北达科他州64%的高中生业余时间打工：22%的学生每周工作不多于10小时；25%的工作11~20小时；15%的工作21~40小时；1.6%的学生每周工作超过40小时。来源：North Dakota Risk Behavior Survey, North Dakota Dept. of Public Instruction, 1997.

[14] Dement, William C. (1999), *The Promise of Sleep*, NY: Delecorte Press.

[15] Coles, Robert (1989), *The Call of Stories: Teaching and Moral Imagination*, Boston: Houghton Mifflin, p. 27.

[16] Dorris, Michael (1987), *A Yellow Raft in Blue Water*, NY: H. Holt.

[17] 北达科他州居民使用公共交通的是少数，这影响了驾驶数据：9~12年级的北达科他州学生中有37%承认曾经有过酒驾，而全国平均值是17%。来源：North Dakota Risk Behavior Survey, North Dakota Dept. of Public Instruction, 1997.

[18] 位于明尼苏达州中心城的黑泽尔顿基金会有一项研究，发现未成年人饮酒与同伴压力的关系没有父母想得那么普遍。87%的父母认为青少年饮酒或吸食违禁品是因为其他同龄人都在这样做，但是青少年中有

79%的人说是因为他们喜欢那种酒或其他违禁品带来的兴奋感觉。来源：Generations split on chemical abuse; Report finds parents, teens don't share views on alcohol, drug abuse, in *The Star Tribune*, Minneapolis, Oct., 1995, p. 3.

[19] 只有19%的学生报告说吸食毒品或饮酒是源于同伴压力。来源：Shell Poll (1999).

[20] Smith, L. Glenn and Joan K. Smith (1994), *Lives in Education: A Narrative of People and Ideas*, 2nd ed, NY: St. Martin's, p. 163.

[21] Rousseau, Jean-Jacques (1911/1969), *Emile*, translated by Barbara Foxley. Everyman's Library: NY: Dutton; London: Dent, p. 13.

[22] 受到父母不断警告不许吸食的学生有26%使用毒品，而从未受到父母警告的学生有37%使用毒品。来源：PRIDE Survey (1997), Atlanta: National Parents Resource Institute for Drug Education.

第三章 烦 恼

"……似乎到 9 年级的时候课程开始变难了,我的痛苦也随之加深。"

——安吉(Angie),11 年级

"如果在我 7 岁的时候,有人问起我家的邮箱地址,那些数字是不会在我眼前闪现的。我的脑海中肯定会再现一个特殊的情景:炎炎烈日下,新修的草坪泛出一股清新的气味儿,塑料人字拖击打着我的脚后跟,发出呱嗒——呱嗒——呱嗒的声音。再一次,我踏上混凝土灌浇的门廊上的两级台阶,把手伸进黑色的邮箱,心儿怦怦跳个不停,手指紧紧地攥在一起——它在哪儿?那封愚蠢的来信在哪儿?阿特·林克莱特(Art Linkletter)邀请我参加他的电视节目的信在哪儿?我依然心存希望,思量着或许自己搞错邮箱地址了?但是,没有,信箱里没有来信。那儿只有 4 个黄铜制成的数字,3—6—2—4,信箱上螺钉周围的污渍和锈斑清晰可见。我记忆中最深刻的印象不是邮箱地址,而是当时的痛苦。"

——谭恩美(Amy Tan)[1]

学生们往往用"机械"甚至是"痛苦"等比喻性词语来描述他们在学校遭受的困扰。杰姆(Jim)说:"我只要一打开(几何书),脑子就不转了。"有几个学生抱怨老师们试图"把它全塞到你的脑海中"。他们把自己的脑袋比作微型仓库,反对老师"试图把所有的信息都塞进去,根本没有足够的空间!"其他学生更像狄更斯的著作中那个可怜的孤儿:"他们要把内容硬打进你的大脑,我真的不喜欢。"学生这种类似妄想症一样的不信任感会影响接下来的学校生活:一个州级运动员参加了三个赛季的高强度训练,其目的只是"逃离老师,因为他们总是死死地盯着你。"

内特(Nate)在参加一次考试时的心理状态足以反映出一次再寻常不过的课堂活动会给学生带来怎样的痛苦,一次多项选择题考试给他带来的烦恼如下:

内特:听到(同学)在讲话……我就很烦。我们刚刚考完期末考试,我觉得考得还不错。一部分题型是配对连线题,很多配对题。当时我觉得这样连线也行,那样连线也不错,脑子全蒙了,抓耳挠腮,就差没叫出声、扯头发了。有个学生坐在我后面,不停地在说话,于是我转过身……恶狠狠地看了他一眼。我很想走过去训斥他,(冲他吼)"给我闭嘴!"

为什么一个看起来正常的学生会在学校里产生采取暴力行为的想法呢?这样的事情是如何发生的呢?(假如这是发生在火车站陌生人之间的无意识行为,我们可能会更容易理解些。)他可能忍受了一系列来自社交、父母、考评或是管理者的伤害(首当其冲的可能是社交方面的),最终忍无可忍了吧?坦尼娅(Tanya)要在快餐店工作三个小时来支付图书滞纳金,她对管理者的"错误"感到愤怒。这件事发生在悄无声息、缺乏人情味的图书管理中心。在此,我们要感激学校对武器的"零容忍"。

坦尼娅:就是这家图书馆。他们不断提醒我有杂志逾期未还等等。我曾经被两本杂志搞得焦头烂额,两本都要我交罚款!而我确实已经还给图书馆了。真让我生气。你知道,如果你……他们就不给你成绩单。我……我不得不交罚款!我知道我已经还了。哦,这让我真的很生气。就像是在大约一个月以前——你知道我提到的历史报告吗?我已经把书还了。三周后,我收到了1份逾期未还书籍通知单。我真的很生气。就在那儿,我去了。我真是暴怒。就直接到那里去了,差一点大发脾气。我好像说"……我大约一个月以前就把书还了,你能否再查一下呢?"我就等着她查一下……你知道,告诉我"书在这儿"。接着,这位女士向书架走过去,从书架中挑出了这本书,说:"哦,在这儿呢。哎呀,对不起啊。"而我当时的感觉是:快把欠书条收回去,让它从我眼前消失!这样的事我竟然碰到了两次。按照规定,你如果不还书就拿不到成绩单。我真想在校园里枪杀个人。工作倒是认真点啊!三个星期前我就还了,就像……有脑子没有!

  大多数学生无论如何也不会在学校里[2]施暴,但是,不可否认的是许多学生会在某一天有好几次感到相当"烦恼"("日常的学习几乎要了我的命")。这种心烦意乱的感觉被1位女生称为"紧张兮兮"(原文"ningee bingees"为该生自己编造的单词——译者),这是一种恼人的、消沉的、漠然的情绪状态,与前面一章所提到的压抑不同。

  在9个月的高中校园观察中,我感觉自己就像个隐身人,没有人注意或在意我的存在。作为一个不参与课堂活动的观察者,我也希望成为隐身人。我坐在教室的后面,和那些"事不关己"的学生没有什么不同,本质上我们都是隐身人。我认为我有权利站起来走出教室,喝点东西,出去逛逛,做做运动,打个电话,顺便拜访一下友善的校长,在我的教师朋友给学生上课之前和她聊聊天。

但是这些事情我都没有去做,因为我认为这样的行为对我所听课的老师不礼貌。此外,我的研究目的就是要重现学校一整天的学习情况。如果屈服于自己的意愿,听几小时课后就出去放松走动,可能难以实现既定目标。虽然这是我自己选择的研究项目,但坐在课堂里,我仍然感觉到在很多时候个人行动都受到限制。事实上,我感觉自己被剥夺了权力,好像那儿发生的任何事情我都没有发言权。一天的时间里,我充分意识到许多身心疲惫的老师在课堂上的语气居高临下,透露出他们模糊的失望或十分的疲惫。在很多情况下,老师们会使用一些成人之间不会使用的讽刺,却几乎不会让班上的同学发笑。上午 11 点的时候,一想到还要待 4.5 小时以上,我就会感到很疲乏。直到下午 3 点 30 分,没有人喊过我的名字,没有人和我说过话,也没有人问过我感觉怎么样,没有人注意到我可能已经很生气,眼泪汪汪,濒于使用暴力或自杀行为的边缘。虽然我没有这些情绪——但很可能会有!任何坐在我周围的学生都可能会有!一天里,来来往往的人群、繁忙的节奏使其他人不可能去关注此类事情。我想这就是某些学生没有朋友、没有小群体的感觉吧。在我看来,这种孤独感非常违背人的天性。尽管我对了解青少年的学习情况很着迷,但我再也不会选择去做全天的课堂观察研究了!那些对老师所讲的内容丝毫不感兴趣又没有朋友的学生会怎么样呢?他们如何忍受干巴巴的话题和寂寞?(我女儿的小学老师过去经常在开家长会的时候暗示我的女儿"拜访朋友"的时间多了一些。作为老师的我当时心怀歉意,但现在我明白了与朋友的交往才使学校生活充满活力。)

厌 烦

"我从来都不做历史作业,因为我讨厌读历史书——甚至比听历史课还讨厌。"

——戈登(Gordon),11 年级

"当我在梅岗郡(Maycomb County)学校制度中无精打采地寸步前行的时候,脑海中不由自主地产生被人欺骗的感觉,虽然不清楚被骗去了什么东西,但在校 12 年的厌烦依然萦绕于心。"

——哈珀•李(Harper Lee)[3]

到目前为止,学生对学校主要的抱怨是无聊。和其他事情相比,学校很难吸引学生的注意力。19 世纪,出去钓鱼可要比坐在那里读《麦克古菲读本》(*McGuffey Reader*)[4]有趣得多,孩子们宁愿到户外和朋友一起呼吸新鲜空气,这是自然的天性,100 年来从没改变过。然而,21 世纪初期出现了不同性质的娱乐活动。除了和朋友钓鱼以外,现在还有更多事情能吸引学生的注意力,比如,情人、工作、电视、电影、游戏、电脑、电子邮件、杂志、低俗小说、节育措施、堕胎决定、酗酒、吸毒、音乐视频、CD、摇滚音乐会、时尚跟风、文身、刺青、染发、交换家庭、离异的父母、讨厌的老师、爱管闲事的校长、蛮横的教练、情绪化的导师、过度热情的大学招生人员、没有人情的老板以及稀奇古怪的校外活动等等,闹哄哄地齐聚一堂,竭力吸引学生的注意力。此外,电视让学生养成了注意力保持不到 2 分钟的习惯。幼教老师成为最先需要面对挑战的教育者,因为 5 岁大的孩子已经习惯于活泼的动画片和简单的电视剧情[5],学校生活却完全不同:沉闷且复杂。因此,当父母把孩子丢给电视,把它当作广阔自由、无人监管的学龄前庭院活动时,老师们则要开启一场长达12年的追赶比赛,就像比分落后的篮球队要追赶比分一样,老师们需要加倍努力。

起初,小孩子可能会被学校的新鲜感甚至会被禁令所吸引["肯尼(Kenny)躺在地板上,莫里斯老师(Mrs. Morris)告诉他回到自己的座位上去",那个小朋友睁大眼睛叙述道]。小学毕业以后,当被问到学校怎么样的老套问题时,他们会平淡地回答"还行"。随着年级的增高,老师的作用以及他们对学生的期望变了,呆板的课堂和无休止的考评越来越成为学生对学校的定义了。学生把大部分时间用在听课、做练习和等待上面:一节课当中有76%的时间花在老师的满堂灌上,20%的时间花在常规项目上(课堂检查作业等——译者),2%的时间花在课堂活动上。这些个案中,只有不到1%的情况要求学生解释原因或说明意义[6]。

在描述"老师讲课"单调乏味的时候,学生真的是直言不讳。在一部流行的卡通片《远方》(Far Side)[7]的第一季中,狗的主人侧身责备狗道:"好,金捷(Ginger)!我受够了!你一定要远离垃圾!知道吗?金捷?远离垃圾,否则后果自负!"屏幕上方显示着字幕:"我们对狗所说的话"。在下一幕中,狗的主人又靠近狗,责备道:"吧啦吧啦,金捷,吧啦吧啦,吧啦吧啦……"屏幕上打出字幕:"狗听到的"。当所谈论的话题没有什么吸引力时,学生就变成金捷,连最简单的指令都听不懂了。当我让学生描述一堂不太理想的课时,他们马上会引用老师"吧啦吧啦"或"嘟嘟囔囔"的话语:"他就在那儿喋喋不休。"

朗尼(Lonny):但是,他就坐在那儿吧啦吧啦吧啦,讲个不停?——我听到的就只有吧啦吧啦!他就坐在那里,解释来解释去,要告诉我们怎么做。拜托,你要先讲讲清楚为什么要做,我才能坐在那里听进去你讲的课。要不然,我只能打盹或读本什么书。

尽管有先进的教学软件,我们还是难以想象一句话不说就能完成课堂教学。但是,对于许多学生来说,学校的问题就是老师持续不断的声音。或许,一名学生对老师作出的最糟糕评价就是:"每天他都会一整节课说个不停。"一些比较注重实际的学生可能利用这个机会做笔记或写作业,但中下等的学生可能会感觉课程太复杂而直接放弃听讲["他讲的内容……我听不懂也跟不上,于是我就不做任何(笔记)了"]。甚至,连最聪明的学生对老师的讲课也有意见("通过自己读这个章节,我完全能理解,但是他非要在课堂上讲解两天!")。老师的声音甚至会产生这样的效果:相比之下,常规的课内作业似乎更有趣("他坐在那儿讲啊讲啊讲啊,我最终开始做练习册了——这样不至于打瞌睡"),还可以使其他课程安排变得更有吸引力("课上看电影很好啊,因为不用听他坐在那里喋喋不休啦")。当学生对自己的朋友这样评价老师的时候,朋友点点头,颇有同感,看录像至少意味着可以有做白日梦的机会,甚至可以小睡片刻。当老师的讲课实在不合胃口时,坐在后排的学生就会低声交谈学生间的故事。

英语课,9月份

N老师在发学生写的词汇应用作业,又发了布置的要求增设美国土著文学课程的"写给课程委员会的信"的纸张。

老师:如果你想让我重新批阅你的作业,请在作业上面加上星号交上来,我会重新审核你的成绩。"

老师在发作业,教室里在传递订书机。与此同时,学校广播在播放通告:"……为《欢乐音乐妙无穷》(Music Man)搭舞台背景……,明天晚上第一次开会……今天3点45分朗读剧本。"

老师(关于成绩):得了A意味着……得了B意味着……有理有据。如果你得的是C,说明你写得还可以,但在你的信中没有对增设美国土著文学课的原因进行说明……(开始讲解):约翰•史密斯(John Smith)写给英国的那些信(说)……这儿的每一个人都可以做到……在森林里,我被大约20个土著人团团围住,但我把他们全部给打败了……

艾迪(Addie)(低声对坐在附近、目视前方的女生说):她那时喝醉了,还搂着肖恩(Sean)呢。

女生:肖恩是谁啊?

艾迪:我的肖恩!我说,嗯,好吧,滚开!

老师(没有理会女生的窃窃私语):言外之意就是,你也可以打败他们……他隐瞒了恶劣的气候和艰难的处境……第一个冬天他们就死了一半……黑人就是低等(嘲讽的语气),你们知道,坏人也是这样……宝嘉康蒂(Pocahontas)在他们折磨约翰•史密斯的时候出现了。她被这个白人特殊的外貌和身材深深吸引,她以前可从来没见过这样的人……她扑到他的身上,把他救了下来。

当N老师讲到"她扑到他的身上"的时候,坐在后排睡觉的学生蓦地睁开了眼睛。老师在讲述关于宝嘉康蒂的故事时,这个女生在用一个安全别针剔拭戒指,而当老师说宝嘉康蒂被这个白人男子的样貌迷住了时,她转过身,对自己的朋友挤挤眼,耸耸肩,摇摇头,一副好玩又不可思议的表情,好像在说"这有什么大不了的呢?"

在学校里,老师的讲课不是让学生萎靡不振的唯一因素,诸如教室环境、一天的日程安排以及传统的、根深蒂固的学习习惯等也对学生产生催眠作用。

安吉:(数学课)真烦人。他一直讲个不停……你几乎要睡着了,教室里没有窗户,这让我发疯。而且那里更黑一些,感觉我们就像被锁在里面。你尝试去听懂,但是做不到。真的理解不了!他一直在做无用功,甚至在我问了他这个问题后,我还是不懂。我的数学和科学都不好。不同的是,科学课在一间旧的大房子里上课,房子里种满了植物,你可以呼吸到新鲜空气。但是,在数学课上,你感觉自己被封闭在一个洞里,你等不及地只想出去。每隔5分钟我就会看看钟,时间过得太慢了。下一个点就是吃午饭的时间了,你的肚子开始咕咕叫,你越来越饿,恨不得立刻冲出教室。快到下课的时候,我们可以和朋友说说话,但大多数情况下,他坐在那儿,整节课一直讲个不停。他和我的英语老师差不多,一直讲,我希望他能给我们留出点时间自己学。

戴安娜·阿克曼(Dianne Ackerman)声称我们忠实于追求新奇感的需求,这种需求源自祖先的生存模式惯例,而这种模式令人受益匪浅:

"一种持续的状态,即使是持续的兴奋,有时也是单调乏味的,会逐步消融在周边环境背景之中。因为人类的感官进化就是为了体验变化,体验新东西,一些刺激的、值得关注的东西,比如一点点精美的食物,突发的危险。……一个人如果习惯于一个城市的噪音和视觉上的混乱,就会忽视这些刺激。这种情况不仅可能而且是不可避免的。此外,新奇感本身总能引起一个人的关注。"[8]

在学校待的 6 个小时内,学生会利用一切机会创造新奇感,以引起朋友们的关注。我在教室的后面观察了一个又一个月之后,很难再谴责学生。当你整小时整小时地坐在那里,因背疼难忍或每天的千篇一律而感到莫名焦躁的时候,很想四处走走,这当然是绝对禁止的。当这种受困的感觉压垮了一个人的理智的时候,这些精力充沛的青少年能做什么呢?朋友赋予这一天的学校生活以意义,詹妮(Jenny)说,"他们会赶走你待在教室里产生的紧张感,朋友是非常好的减压者"!当然,朋友滑稽古怪的减压方式事实上可能会给老师带来压力,但这是学生乐意做的事情。(这可能就是导致我观摩的一堂课中老师咆哮的原因。)

会计课,12 月

教室里的墙上有一个大的招牌,一张海报,上面写着:"当我离开学校的时候,我希望自己变得富有",图片下方是一大堆钱。班级里有 28 个学生,紧挨着坐成 5 排——几乎没有多余的空间,我硬挤在最后一排的拐角。教室里光线暗淡,阴影重重。O 老师(Mr. O)走进教室后把灯关了,打开了投影仪屏幕。但是,在最后一排根本看不到屏幕上的字。我问坐在旁边的学生能否看见,她说仅仅勉强看见而已。

老师(说到他布置的作业):自己完成,只有这样才能学到东西。

学生:留着课后做,做完了交上来不是要比没做完就交要好吗?

老师：不行，交上来。

他开始讲课并提了一个问题，没有人回答。

老师（嘲讽地说）：这是我们课堂上的互动时间，大家都要参与进来……当出现这个问题时，我们应该如何解决呢？

教室里没有一点声音，最终，一个坐在最后一排中间座位上、一直用手掌搓着面颊、闭着眼睛的男生喊了一声："增加"（意思是增加债务）。

老师：答得好，谢尔比（Shelby）！我还以为你在那儿睡了一阵子呢，现在看来没有啊。

谢尔比在空中比画了一个胜利的手势。突然，地板上出现了一道亮光，学生们尖叫起来。一个男生马上用一只脚踩下去。他刚刚把钢笔插到了活动电子插座上，看上去就像一株野草一样在地板上竖立起来。瞬间，他的脚把证据遮盖住了，老师也就不能看清楚发生了什么事。O老师审视了一下这场骚动，又转向投影仪。有一小会儿他没有抬头，然后直盯着那个学生看，那只图谋不轨的鞋子仍然踩在闯了祸的钢笔上。

老师（非常严厉地说）：不许再那样做了。在这儿，我要为你们的安全负责，不许再这样了。

接下来的5分钟，学生们在下面低声谈论这个男生做的恶作剧，咯咯咯笑个不停。老师使用投影仪又讲了很长时间。教室里很昏暗，热烘烘的，学生们最后都昏昏欲睡。

愤 怒

"拿回来的迟早要还回去。"

——北达科他州地方俗语

"人的性格有一半是由地理环境造成的。"

——阿尔弗雷德·诺思·怀特海[9]

该地区以寒冷闻名,但和其他任何地方相比,它的低犯罪率也让它引以为荣。这里每年有六个月的气温处于冰点以下,这抑制了一些不良青少年组织的活动。严冬和相对单一的经济造成了低人口迁入率。因此,文化呈现同一性[10],也就是说,各个地方的标准较为一致。在同一文化中,陌生人之间的沟通也很容易(虽然在这种情况下并不是口若悬河)。这种我们都属于这里的感觉——通常与气候相关,大家是一体的感觉,使整个社区温和地连接在一起。目击违反强力的群体规范,比如礼貌的感觉,就像观看对远房兄妹实施的小犯罪一样。或许因为偶尔也需要某个人的"堂兄妹"去取沙袋或收割甜菜(可能更是因为小的社会群体不能承受长期的深仇大恨),过度热情成为该地区居民的个性特征。虽然人们彬彬有礼,但也会对别人评头论足。大多数青少年也基本上以貌取人。

三所学校里的非正式学生团体有各种不同的名称,非常生动有趣。例如,格兰诺拉麦片(意指饮食健康人士——译者)、嬉皮士、新嬉皮士("蹩脚的蓝色衣服")、傻女孩、傻男孩、交际达人("他们从来没有独自坐着")、派对迷、盛装族("他们总是穿着得体,随时准备去上学")、万人迷、潮人、势利鬼("趋炎附势,低眉顺眼")、有钱人、体育迷、奇异帮、混混、滑冰族、滑板迷("你知道,他们梳着滑板一样的发型")、苦学族、破烂衫族("他们看上去很糟糕")、逃学派、逍遥派、烟鬼、重金属乐迷、机车族、瘾君子、摩托头("穿着讨厌的黑色衣服")、重金属摇滚乐迷("总是在清仓大甩卖市场买衣服")、剧院狂人、戏剧迷、军乐队苦工、军乐队怪人、军乐队掺和帮、城镇派、空军基地派(当地有空军基地家属——译者)、酒鬼、酒桶、醉鬼、独行侠、聪明人、书呆子、笨蛋、老派落伍者、缺朋友族、智障派、朋克头派、恶棍等等,而我自己最喜欢的小团体是"无辜的旁观族"。

个别学生声称他们对这些团体的态度是"事不关己,高高挂起",至少对社会阶层[11]较低的学生团体的态度如此。一方面,大多数人很难永久属于一个团体,高中生在三到四年的时间里在外貌和社交圈方面会发生不止一次的变化。许多学生叙述说他们认识的一些初中同学到高中以后变化很大,而且他们认为变化不可避免("孩子们还不知道的就是他们上了高中以后,他们原以为了解的人,现在已经难以了解了")。因此,学生们就会彼此原谅这一点,或许他们自己也变了。许多学校活动允许交叉注册,学校的资金充足,能够为学生提供丰富的课外活动。午饭时,学生喜欢扎堆坐。由于体育队、俱乐部、社团、合唱队、表演队、管弦乐队、乐队、年鉴与报纸编辑需要广揽人才,因此学生对服饰、政治立场以及成熟度等方面的差异持宽容的态度——如果他们想成功的话("唱诗班基本上有来自每一个不同小团体的同学……你们在那儿都是平等的!")。大家为了取胜、募捐或者出版下一期报纸而聚在一起,从而缓和了明显的个体差异。此外,小学和中学时在运动和艺术

总是考没有学过的——美国青少年的哀叹带给我们的反思

表演中形成的长久友谊和不同学校之间新的罗曼蒂克情绪,使得学生不会对竞争对手的学校作出仓促草率的评价。在一个学校里,那些不参加或看不上任何课内或课外兴趣小组的学生会引发同伴激烈的争议——什么才是那些索然离群的学生认为重要的东西?在高中教学楼的有限空间内,由于严格的奖励制度,这种关联感缺失可能会升级为紧张、忧虑或嫉妒("不是每一个人都可以被其他任何人接受")。在漫长的一天中,个人的存在感几乎被完全忽略,紧张和忧虑就会变得非常危险。如果说老师是学生在学校里产生挫败的烦恼情绪源头的话,那么同学则成为学生愤怒的缘由("团体圈子,那是我在这个地方最讨厌的东西")。

虽然盛装族的学生看不起其他学生,但新嬉皮士不会这样。总的来说,新嬉皮士憎恨那些以高档服装作为基础的学生团体。前面说过,学生认为老师会给他们的"宠儿"以高分,还有很多人认为一些学生得到老师宠爱,赚取过多恩惠的原因就是他们打扮得体。毫不夸张地说,学生们憎恨那些因为穿着得体而得到宠爱的学生("他们有钱,穿戴得体")。显而易见,盛装代表社会地位("如果你看到他们的穿戴方式,就会知道他们更受欢迎")。从"盛装族"这个学生团体名称的定义来看,就知道这些学生比较注重外表("发型要完美,要有成堆的化妆品。他们必须要有无可挑剔的耳饰、无与伦比的服装。我是一个衣着得体的人")。许多学生漫不经心地称自己为"盛装族"("一种服饰风格,我是'盛装族'")。一般而言,和其他的穿戴方式相比,盛装族的花费最高。一名学生做了一个可控实验,来证明"好"衣服的吸引力:

坎蒂(Candy):我不明白人们怎么能坐在那儿说我喜欢你,因为你穿着"Guess"牌子的衣服。是的,有一天,我穿了一件名设计师设计的外套,然后发现和我说话的人要比我穿普通衣服的时候多得多。

采访者:你在开玩笑吧。

坎蒂:没有,这……这确实看起来很奇怪。我,等等……以前我从没有见过的那些人都开始和我聊天,诸如此类,我的意思是,我和每个人都说话。

采访者:因此,这是否会让你每天都想穿名牌服装?

坎蒂:真没有,没有。我不想人们因为我的穿着而喜欢我。我就希望他们因为我这个人而喜欢我。(如果他们仅仅)因为你的钱或其他什么东西而喜欢你,而不是喜欢你这个人的话,那些人你是不能称之为朋友的。

　　这里有一个奇怪的社会语言学曲解的现象:"万人迷"事实上不是一个很有吸引力的称号("仅仅因为他们更受欢迎,他们就更无礼傲慢")。如果你是一个受欢迎的人,你永远不会把这个词用在自己身上。如果某个人把这个词用在你身上,这是一种嘲弄的说法,意思是"自命不凡的家伙"或"交际达人"的代名词。这些团体的成员据说"有被崇拜的需求",他们"每天把鼻子翘到天花板上"。"自命不凡的家伙"指那些受欢迎的学生,他们总是很高傲自负["(自命不凡的家伙做事就像)'我是完美的,我比你强'"],或至少不爱搭理人("在大厅里他们都不回应你的问候")。"交际达人"也指受欢迎的人,他们滔滔不绝,周围围着一堆朋友,和一群人共同进餐,总是在计划聚会或接到聚会的通知。交际达人与盛装族和令人讨厌的"教师的宠儿"有很多重合之处,他们引起了普通学生强烈的憎恨("我认为他们是真正的小人,请原谅我这么说")。因为他们可以随意貌视规定,尤其是饮酒的规定("他们在学校表现得非常好,但在周末会出去,烂醉如泥")。

布伦特(Brent)坦言某一日他的内心斗争得很厉害,直到今天他仍对那个同学感到很愤怒,那个同学有两条罪行:他既"受欢迎",又撒谎。这让我们想起那个无能的图书管理员当时所面临的危险:

采访者:什么事让你大发脾气?

布伦特:不知道。有人说了关于另外一个我认识的人的一点事情。有过去的事,也有最近发生的事,他没有提到名字。这种愤怒就像你想痛击你面前的那个人,我的意思是,你能想象出你杀那个人的实际场景,把他一点点撕成碎片。当有人做事很不地道时,有些人就想成为那样的蠢货,你知道的,就有那样的想要酷的人。有时候他们认为自己很受欢迎,其实对于那些认识他们的人而言,他们可能受欢迎,但大多数人恨透了他们。

这些愤怒的话语足以引起我们的注意,尤其在我们认为这三所学校的氛围是宁静、整洁、有礼貌的时候。如果这三所学校发生暴力事件,人们可能会说从来没想到这样的事会发生在他们学校[12]。但是如果相关责任人和学生进行个别谈话——倘若他们之间存在真正的信任感,人们就会知道即使在氛围良好的学校,也有个别学生在校园里心存愤怒,藏得越深越可怕。约翰(John),一个军人家庭的"小子",辗转生活于各地,对自己的平均分连续得A感到很骄傲,希望能由此进入空军学院,开始自己的军事生涯。他剃光头,只在后面扎一条细细的马尾,穿军靴,喜欢滑雪板,这些使他与盛装族的风格截然不同。像他的许多同学一样,约翰告诉我说他知道固有的偏见都是错误的,但是盛装族对他的偏见还是令他感到愤懑。下面是他的回答：

约翰：我讨厌冰球运动员。我猜他们就像那些技工学校的人一样，没脑子。他们中有一两个还不错，就像，在所有的，所有的地方，总会有那么一两个不错的人，就像 J.B. 吧，他是一个很不错的朋友，虽然他也是一个冰球运动员。提起那些人我怎么能不说脏话呢？好吧，我猜问题应该在于他们的自负。他们都认为自己更优秀，都试图成为盛装族，都想装酷，但是他们一点儿也不酷。我的意思是，如果有一个学生有学习障碍，他们会坐在那里嘲笑他，在他面前取乐，就当着他的面。我认为这真悲哀。很多人试图取笑我的头发，我一点都不在意！我也会嘲笑他们，作为反击。我会说"来点新鲜的！""我才不在乎呢！"他们以为你就是一个朋克男，是个重金属乐迷……有一两个黑人同学我很喜欢，我和他们是朋友，关系不错，但是他们中的大部分人真让我难以忍受，我真想给他们一棍子。他们就是，他们自认为自己是个了不起的人物，但是事实上不是这样。他们认为自己很伟大。我没理由反对他们这些运动员，但是他们应该对别人更尊重一点。我讨厌那些（说唱）音乐，它让我感到愤怒。坐校车时，他们会带一个收音机，把它打开，声音调到最大，以至于其他人都得躲到车厢最后面，恨得牙痒痒。我的很多朋友都讨厌说唱音乐，它就是让人厌烦。我的意思是，你怎么能欣赏那些肮脏歌词呢？我不知道。它几乎贬低一切事物，比如侮辱妇女。

访问者：是的，我也希望说唱时代快点过去。

是什么社会心理因素使约翰没有把球棍砸在他厌恶的学生身上？又是什么样的情况使另外两名学生实施邪恶计划，刺杀同班同学? 当然,这不是我们讨论的重点。我们预设所有上学的孩子都为好孩子,都来自"好"家庭。但有一点很明确,就是我们关于这些孩子对与他们不同的同学的憎恨程度知之甚少,这种憎恨特别针对那些阶层较高的学生,运动员通常处于最顶端的阶层。不同阶层学生的区别主要基于外貌,个性特征也被归因于外貌,这是极其具有偏见的。就高中生的服饰而言,不仅仅是黑色紧身夹克才会引起愤恨或害怕。(其实校服穿在我身上一直有点紧。[13]但是,当我告诉那些青少年我若无其事地穿了12年校服的时候,他们惊讶地看着我,我明白,他们认为穿了12年校服的我一定没个性。)

或许是因为他们的成功具有公众性——赚取报纸报道以及周围人的称赞,人们认为运动员和啦啦队队长自认为比别人高明("因为,这儿的冰球运动员统治着学校。啦啦队队员——这些人中的一部分真的认为自己高高在上,比别人都要了不起")。我想建议教练要重新考虑一下,让运动员和啦啦队队员在比赛的日子里穿西装打领带或穿校服/队服。想必这种不同的服饰会促使助威者为他们祈求好运,长此以往,它将提醒球迷在那一天晚间比赛时去现场支持他们。这样也可以使他们把注意力集中在即将到来的比赛上。但是,这种惯例也会有一个副作用:使一些学生憎恨成年人赋予这些学生独特的地位["冰球运动员和篮球运动员一般都一样,他们,不是好东西……为什么去(看比赛),给他们鼓掌?"]。如果他们让处于光荣榜上成绩得 A 的学生每天都穿金色夹克衫,那么 B、C、D 等级学生的家长的抗议声定会淹没一个乐队的声音。风格偏好是一种非常有力的沟通模式,它反映了青少年的个体认同感。他们在比赛的当天精心装扮,运动员和啦啦队队员不只是想表达他们与众不同,还有他们的特殊地位。不管公平与否,这些都被其他同学理解为傲慢和自负。（他们经常因为比赛而不参加考试，这同样也损害了他们在同学心中的公共印象。至少在这个州，球队常常需要开车数小时去参加比赛，因此他们在上学的时间里就得离开学校，也就耽误了正常的课程或者考试。——译者注）鉴于制服可以使他们整日把注意力集中在比赛上，我们认为这与老师的课堂教育目标是一致的想法也是完全可以理解的。

约翰认为运动员学生不接地气，高高在上。我采访过的其他学生也这么评价。我们是否该重新审视一下高中对比赛成绩的庆祝方式？我们确实将在其他方面的表现很普通的学生运动员英雄化了。他们所受到的吹捧（来自媒体、父母、管理者、老师、部分同班同学，虽然不是全体同学）以及由于不成熟而产生的自我膨胀感，使他们难以对真实世界的需求做好充分准备。如果真实的世界所期待的远远高于一个高的（进球）获胜率，从长远来看，或许我们这样做对他们有害无益。

许多学艺术的学生认为他们的专长被低估了（"我猜想，实际上他们都看不起搞戏剧和音乐的人，就是因为我们强调独立的个体，他们认为这很怪异"）。相对于个人付出的努力而言，他们似乎因为被忽视而有点受伤。但事实上，和我谈话的学生当中没有一个人对搞艺术的同学感到愤怒。如果学校管理者把艺术类学生区别对待，允许他们在演出当日上课时也穿特别的礼服，如果老师以缓考作为奖励，如果报纸以对待运动员所取得的成绩那样兴奋地报道他们的努力和成绩的话，我们可能就会发现学生对乐队和戏剧参与者的愤恨开始增加，就像现在运动员遭受到的愤恨一样。

我访问过的一所高中里有一个由四年级男女生组成的团体，有团体名称和有特殊标识的服装。因为他们穿的T恤衫上面有团体名称,所以人们知道了这个团体的存在。这些四年级学生认为他们具有强烈的学校精神,为所有的比赛加油助威,他们当中的许多人也参加运动队。实际上,他们引起了其他同学的愤恨("这些高中的小集团对让谁加入的条件非常苛刻")。他们外表干净利落,看起来像盛装族,但是所有的学生都知道他们参加的"聚会"最多。作为一种社会现象,他们是帮派或朋党的雏形,因为他们对特殊的服装有不成文的规定,成员必须受邀才能加入,还有一些团体的公共惯例,包括比赛之前喝酒以及在学校就餐时坐在一起等等。

这个学校的餐厅座椅排成30排,每排有25个座位。大多数学生都分类就座——盛装族/交际达人/万人迷坐在前排,极客/傻瓜/无辜的旁观族坐在中间,混混/滑冰族/机车族坐在后面,靠近通向停车场的大门。因为一些人总是在那里吸毒(drug),所以最后几排桌子被称为"药店(drugstore)"。餐厅的另一侧有一个凹进去的区间放着桌子,和这边的餐桌隔开了,看起来是在原先的建筑基础之上后加上去的。有一次,我指着那个拥挤的区域,问一个"交际达人"女生:"坐在那儿的是什么人?"她用几秒钟的时间把那些人的脸扫视了一遍,说道"什么人也不是"。事实上,那些桌子是高二学生、新来的学生——那些还没有选择自己的外貌风格,还没有加入或形成团体小圈子的学生就餐的地方。总之,服饰、团体名称以及某种"就餐位置"这些东西可能导致圈外人对圈内人的嫉妒。这些小"帮派"和社会黑帮之间的核心区别在于人们不用担心小集团圈内人会对他们造成人身伤害。但是如果不加以引导,这种愤恨就会像腐蚀剂一样,一点一点地销蚀学校精神。由于我采访的都是高中三年级学生,而这些人是四年级学生,所以他们不是我的研究对象。三年级学生都在权衡下一年使这个四年级学生的非官方俱乐部运营下去的好处。这里我们暂且把他们称作"先驱者"和"平原女英雄"。

凯瑟琳(Katherine)：嗯，我男朋友是先驱者成员，我的姐姐是平原女英雄成员，我的一些好朋友也是平原女英雄成员。我认为这些团体没有什么不对的地方，但是我希望他们不搞小帮派，更有集体意识。可以在学校商店外树立一个写着"报名加入先驱者，报名参加平原女英雄"的牌子，我希望（这样）任何人都可以加入，这才是团体应有的形式。很遗憾，事情有时不是以应有的形式出现，一个团体整个接管了这两个组织，别人没资格参加。我不喜欢……我讨厌被贴上标签。我过去曾被归为交际达人或盛装族。我讨厌被贴上标签。就像在我们学校，一些人走过大厅，或者如果你穿过公共区域，会发现所有前排的桌子几乎都是平原女英雄，或更受欢迎的人。我说的是前面两排桌子。接下来，在后面坐的人多数是喜欢听重金属音乐的同学，衣着不同，你知道的，穿着嬉皮士类服装。我的男朋友斯科特(Scott)过去常常和这些人混在一起，过去我也常常会想，哦，我的天啊，你知道，我为什么会坐在这里？这些全是瘾君子啊。其实他们不是，是人们给他们贴上了错误标签。他们中的大多数人，我认识的坐在后面的同学，他们几乎没有人吸毒。很多我认识的先驱者成员都会吸毒和做别的不好的事情。这些同学仅仅因为他们的发型、牛仔裤和配饰不同就被贴上瘾君子的标签。我想我自己真的很讨厌给别人贴标签。通常情况下，三年级学生聚在一起，决定是否组成一个小团体或帮派什么的。如果他们决定不组织，就不会有那些小团体！他们会聚集在一起，会说让我们为团体选个名字吧。你知道先驱者存在很久了，是一直传下来的，但是平原女英雄还是比较新的团体。现在……

我们三年级了,该建立一个小团体了。但是我说不,我可不想被卷进去。因为我知道这意味着什么,不是每个人都可以参加的。(他们会说):"不,你们这些人不能加入进来。"好吧。但是我不知道他们最后做起来没有。先驱者……嗯,他们在学校很活跃。他们总是有比赛,爱开派对,还爱打架。在体育比赛时——像是足球比赛?——他们会发动骚乱的!他们会与东部高中大打出手。去年,在东部高中举行足球比赛的时候,他们打成一团。我真的认为他们不怎么样……但是我的意思是……他们的名声响亮,受人关注。

虽然学生们会轻易给其他同学贴标签,但却没有一个人愿意自己身上长期贴着一个标签["我的主要朋友全部(是)来自不同的群体"]。学生之间的关系网非常复杂,远不是简单的标签可以描述的。大多数愤世嫉俗的学生不喜欢"万人迷"学生。不受欢迎的孩子(不算前卫的服饰、非同寻常的发型)对他们非主流的、更民主的归属引以为荣("因为我的穿着,大家认为我是一个重金属乐迷,但是我到处都有朋友")。约翰·欧文(John Irving)写道:"对你情感上重要的人肯定和对你情感上也重要的另外一个人有联系。"[15]但是,这些"亲友们"都相处得很好吗?并不是所有时间、所有场合都相处得好。几个我们称之为社团中立派的学生(全部为女生)描述了她们游走在错综复杂、多社团的社交场景的困难("很难拥有多种朋友,现在我正努力呢")。她们敏锐地察觉到民主方式的交友很难,不管她们是为了慈善还是为了爱。对我来讲,理清这些团体和不同的令人反感的属性就像一个人类学家在一个不同语言的地方研究亲戚关系一样。正如你很难理解为什么一个特罗布里恩(Trobriand)岛的人把他妈妈的哥哥称呼为爸爸一样,你试着思忖一下一个盛装族学生称一个重金属乐迷为烂泥时的傲骄：

艾米(Amy)：你知道，如果一个家伙留长发，穿着一件金属乐队(Metallica)的衬衫，(盛装族可能会称他们)为烂泥(或)重金属乐迷。我和一些——我不想称他们为盛装族，因为我和他们是朋友——但是，我和那些盛装族称之为重金属乐迷的人也是朋友！我和那些人是朋友！但是你瞧，重金属乐迷和"聚会迷"类型的人又会怎么看待那些脚踩体育和社交双重圈子的人呢？我也和这些人是朋友！他们就像男孩和女孩一样不同！但是，还有呢，我和不同学校的学生也交朋友，你知道，像长头发男孩子什么的，他们喜欢金属乐队那一类的摇滚重金属音乐。但是我很高兴，我喜欢很多各类朋友。

我询问过所有的学生他们认为朋友因为什么喜欢他们，并以此来了解他们看重朋友的什么方面。大多数学生认为朋友之所以喜欢他们是因为"有趣"，第二个理由是他们值得信任("我的朋友和我喜欢找乐子，我们相互信任")。他们解释说一个值得信任的人会为你保守秘密，从来不会在背后说一个朋友的坏话("我们无话不谈，什么事都说。我不用担心他们会四处宣扬，向其他人散布。如果真出了那样的事我自认应付不了")。有几个学生暗示，和从前一样，在更衣室里吹嘘夸大性关系是一个大问题。不止一个学生说："我很生气某某人说我们之间发生了关系，但事实上我们之间什么事情也没有发生。"他们很生气，但又不知道如何制造一场别的谣言来修复自己的名声。高中校园里流言的传播速度绝对要比买个汉堡包还要快。流言四起的原因之一，就是一个学生在公共场合和自己信任的某个人谈论事情的时候被其他人无意中

听到了。例如,有两个学生在学校剧院无意中听到一场私人谈话,可没有发誓要保密:

雪伦(Sharon):(这个)真令人尴尬。我们在进行足球训练——仅仅是训练,因为不想跑步——于是,我们就来到了学校的剧院。我们听到这个男生和女生走过来了,他们是戏剧的主演……哦,天哪。(我们对彼此说)我们走不了啦,因为他们已经开始议论某个人了。他们谈到与谁"干过"什么,我们不能直接站起来走出去啊!我们就坐在一个小角落里,把腿这样蜷起来。我们,哦,我的天啊,(我们希望)他们没有看到我们,他们可不能看见我们。然后,他们又换了个位置,我们也得跟着换。我们都憋着不笑。他们在谈:"嗯,你曾经和这个女生发生过关系吗?"或"你也对那个女孩做过同样的事吗?"他说"是的,做过"之类的话。我们就坐在那儿呀!他们这样讲完以后,我们就更不能出去了。如果他们再往前移一点肯定就会看到我们。我们坐在那儿,膝盖都贴到脑门上了,我,哦,天哪,他们要看到我就糟透了。所以,我的天啊,他们完全……然后他们又开始谈论他们自己啦:"好吧,我没有想过要和你发生关系"。天啊,我不知道他们是两个这么戏剧化的八卦人啊。天哪。那是最好玩的,真有趣。我们就在那里看着,后来因为有个人似乎要来接他们离校啥的。我们真是尴尬!我们为他们感到尴尬。第二天当我们看到他们的时候,我们只能在心里说,哦,天哪。那是最有意思的一次经历。我们在一起时总是遇到麻烦……从小学三年级起我们就一直一起上学了。

在听了那么多不快乐的学生发自肺腑地谈到他们所遭受的轻蔑和排斥后,作为一个成年采访者,我发现了另一个事实:这些十七八岁的女孩(男生从来不跟我谈论这个话题)会轻描淡写地谈论自己(或他人)的性生活。性活动话题(例如,选择避孕手段或与某人出去过夜)经常出现,很明显这个问题[16]是学生们经常要面对的,这可比自认为了解他们的成年人所在乎的更有戏剧性,也更重要(爱情、贪欲、沉迷、怀孕、抛弃、绝望、报复)。毫不奇怪,相比之下,学校的课程就显得苍白无力了。

压　力

"我的头发都竖起来了(用手在头上比画头发的高度),我是如此愤怒,真想捏碎所有东西。"

——安柏(Amber),11年级

"因为有敌人,人类才会进化。"

——约翰·厄普代克(John Updike)[17]

我们每天都会在不同地方和素不相识的人发生某种联系,而那些人对我们的理解仅限于在我们共同见面的地方或"圈子"里的表现。每个圈子都有不同的活动和特有的表达方式,如着装、言论、眼神、面部表情、手势、姿态、行动方式等。试想一下,如果你经常在办公室穿着垒球服,如果你整日在房间里表现得都像是迄今为止年纪最小的那一个,如果你在朋友的生日午宴上摆出一副似乎正在用心地把鱼饵穿到鱼钩上的严肃神情,那一定会导致社交混乱症。如果你用对待牧师的礼节与你的孩子说话,或者用对待你家小孩的不耐烦态度与你的同事说话,他们会如何反应呢?学着去保持多样化的非家庭角色和理顺角色关系是很不容易的。我们首先把这个任务交给5岁的孩子。当他们进入高中以后,理所当然地会认为碎片化就是现代生活的方式,一个人有一个核心的个体特征,但是在某些情况下需要扮演新的角色。偶尔一个人会理不顺角色关系,会错误地把另一场景下的角色和行为方式搬到眼前的场景,这时,她的同伴以及对规则驾轻就熟、顺利转换的人立刻就会注意到她不恰当的行为。例如,将竞争性的学术问题带到校外的生活是贝弗(Bev)不能原谅的问题:

贝弗:这个女孩!当时我在抱怨……很久以前在吃午饭时,我在抱怨家庭作业太多,晚上要很忙。(她)看着我,然后说:"很抱歉,但是你根本不知道什么是家庭作业。"我就看着她,我只想说……我真的很生气!她在上好几门大学预科课程,她就是想让我知道。这让我很恼火。(我在)想,为什么你不能只代表你自己而不是代表那些课程呢?况且,这是午饭时间!你为什么非要那样做呢?所以,这真让我非常生气。

学生们知道,课堂上成功的谈判协商会随着课程、老师以及班级学生构成(尤其是学生头头)的变化而变化。他们是否愿意积极参与这些谈判协商(他们在谈判:关于学生话语权、观点和成绩)以课程或小时为单位而变化,每天7次(7节课——译者)。对所有这些情绪的再调整的一个净效应就是压力("压力让我们发生改变")[18],压力是第三个也是最后一个引起学生"紧张兮兮"的因素。

每当提到学校压力的时候,我们大多数人首先想到的是考试,一些人在很多年之后还会做关于考试的噩梦。学生们说他们首先会因为能否取得好成绩而感到有压力(44%);而青少年担心的另外两个原因[19]是能否上大学(32%)以及能否获得同学们的认可(29%)。考试甚至可能诱发抵制理性的妄想症("卑鄙的老师,就是为抓我们的")。考试确实可以使每个人回顾课堂讲授的内容,如果不是学会的内容的话。实际上,课程这个词本身源自拉丁语,意思是"要走的路径"。考试是路途中的里程碑,标志着你已经走了多远。不幸的是,在旅途中抵达里程碑比遇见美景更值得庆贺时,你就不会再有好心情重新走一遭。在高中生活中,学生要在一次行程中完成两个旅程,个人的成长旅程和课程学习旅程。

下面伊芙(Eve)的谈话主题是个人关系,但是当宣布考试后,她熟练地转换了话题,就像转换齿轮一样:

历史课,2月份

班里有19名学生,6名男生,13名女生。今天,教室里空荡荡的,有9个空座位。可能因为考试的缘故吧,友善的男老师对我说"这节课有考前复习准备,我马上要给他们进行一次考试。之前我提醒过你!你可以进来,看看他们在前15分钟里如何为考试做准备"。我坐在后面的座位上。当大家试图安顿下来时,教室里有一阵骚动。

伊芙低声对坐在旁边的朋友说着什么。

女生(明显感兴趣):他有没有告诉你他爱你?

伊芙(耸耸肩):哦,是的!他一直在说:"哦哇哇哇哇哇,我爱爱爱爱爱你。"

伊芙和她的朋友把头转向教室前面,看看老师在发什么东西。

伊芙(对老师说):这次考试有几页纸?

老师:你知道,伊芙,真要命。如果1页纸上有1000个问题或

5页纸上只有2个问题,这有什么区别吗?

伊芙(向上摊开双手):S老师!我只是想知道而已,我真的很紧张!

老师:好吧,加入学习小组,再复习一下学习指南。我不想听到啦啦队和年鉴之类的讨论,不想听到任何与考试无关的话题。我会在教室里巡视,你们有问题可以问我。如果你们愿意的话,可以自由组合来复习,但每组不能超过两个人。

汤姆(Tom)站了起来,到老师那里取了纸,去了专门为有学习障碍的学生开设的辅导教室。课堂上的前10分钟,一个学生一直在编辫子;一个亚裔女孩开始问其他两个女生关于学习指南上的问题。过了一会儿,另外一个女孩跨过两排座位冲过来说:"她不想学,所以我和你们(三个人)一起吧。"这一组现在比老师规定的人数多出两个人,老师视若无睹。两个男生肩并肩坐在一起聊天,和学习指南毫无关系。苔丝(Tess),一个成绩均分高达4.0的学生,告诉我历史是她"最差、最差、最差"的课程,她一直在那里读个不停,没有和任何人聊天。老师最终分发了试卷。

女生:上面没有"以上全部正确"这个选项!

老师:如果上面没这个选项,那么你需要做出选择。这个我们昨天讲过的。

当学习小组分散开的时候,又是一阵骚动。

老师:我不喜欢考课本内容。这是今年我第一次考课本上的内容。

学生:什么叫考课本内容?

老师:就是课本考试。

学生:哦,就是来自课本。

老师：最后一个问题是我自己出的，但是如果你们喜欢考这样的课本内容，以后我们会多做一些……我可不是想吓唬你们，但确实有学生已经问过我——我还没有批改完所有学生的试卷——通常是成绩好的学生会问，我考得怎么样？我考得怎么样？已经有好几个今天一大早考过试的学生来问过："我考得怎么样？我觉得太难了!"有几个学生平时都得A，这次错了8个，只得了个B。因此，如果你早做完了，请保持礼貌。记住：其他人还在考试。

学生（看着试卷）：错了8个还得B?!!

老师：我不知道确切数字了，只是举个例子。

老师是进教室以后20分钟后，也就是1:50开始考试。2:04的时候，几个学生已经做完了。他们跑到教室前面，交了卷子，然后回到座位，开始和坐在附近的同学讲话。这样，在这节课剩下的20分钟里，一些仍在做卷子的同学就听到很多的交谈声。一个学生交完卷以后，回到座位，头靠在桌子上，睡了一会儿，然后拿出一本服装杂志翻看着。苔丝拿出了别的科目的作业，对周围的喧闹充耳不闻。汤姆从辅导教室回来了，把试卷交给了老师。当他回到后排座位，经过伊芙（那个男朋友说爱她的女孩）身边时，他稍微蹲下一点，像拳击手一样把双拳放在面前，右拳突然出击，差一点打在她的肩膀上，伊芙直视前方。

这堂课只是高中生活的一个小片段，既有学生和老师的交流（"有几页纸？"），也有学生们之间谈论各种事情（"他有没有告诉你他爱你？"），比如考试的焦虑（"我真的很紧张！"）、合作学习（"可以自由组合来复习，但每组不能超过两个人"）、老师的性别歧视（"我不想听到啦啦队之类的讨论"）、针对学习困难学生的辅导、服饰的兴趣、对于外貌的关注以及对老师命令的公然藐视（"记住，其他人还在考试")。更重要的是,老师今天所说的话和其他每天说的话都一样,都和考试有关。[20] 老师似乎基于这样一种观点:知识的可测性和它的可传播性直接相关。考试——学校生活中最糟糕的部分,不管是从老师的角度还是从学生的角度来看,在政治上都是中立的、安全的。学生可能背得出知识,也可能背不出来,这和他的肤色、强大的个人魅力以及生动的故事都没有关系,因为这些因素在考试评分中不起作用。不幸的是,"可测性"和"可忘性"却有直接关系。几年以后,学生们会对考前临阵磨枪时凌晨 2:00 吃的比萨上的调味料记忆犹新,却会忘记钠的化学符号。他们还会记得第一次走进高中校园时惴惴不安的心情,但是如果事先不查一下,就不记得如何把英尺转换算成米。他们可能记得老师在看到教室里所有桌椅的排列发生变化后困惑的面孔("他是个好人"),那是 5 月份放假前轻松的一天,上课之前,他们把教室里所有的家具都转向与平常完全相反的方向。他们会回忆起自己是多么喜欢这种改变,却不会回忆起下午所教的内容。当怀特海说知识本身是一个高度抽象的概念时,他提倡真正的学习,即在某个特定时间、特定系列事件中,充分调动想象力和感官参与学习(如比萨的口感、冰冷走廊的感觉、老师擦着眼泪大笑的视觉场面),这样,这一刻就会定格在记忆中。怀特海[21] 曾警告我们所有的老师:情感是求知的根本基础,而我们不敢听他所言。

老师经常安排考试[22],如果一个人从来没体验过美国的教育体系,那么他在学校里可能会认为师生因为考试才会聚在一起。公众一般把常规的考试及格等同于理解所学内容,但是二者的性质完全不同,学生们对此了解得更深刻("我学了一堆东西,但是我对它们一点都不理解")。从事中学教育研究的人会发现自己的现场观察笔记中多次记录的考试内容就是课程的教学内容。杰姆·乔伊斯(James Joice)曾说:"一个好谜题应该是:走过都柏林而不经过一个酒吧。"[23]我的谜题则是:走过一所学校而不遇到一场考试。学生们也讥讽所有考评的实用性("成绩根本说明不了你学了什么东西,或者你能学到什么东西……"),但他们已经习惯了这种模式("每一次我们学了几章或一章,每天就会就它进行小测试……你所知道的就是你必须要去读它")。如果教学的主要目的是压制学生快乐阅读的话,每读完一章就对学生进行测试则在很大程度上帮助我们实现了这个目的。不断的测试会满足很多方面的需要,但是考试本身绝不会激发学生的学习兴趣。

兰迪(Randy):我们不做每日作业,也不回答任何问题或其他什么,只是考试。这对我来说有点难,因为通过做每日作业和回答问题我能学到很多?然后,我明白了一点……我不擅长写文章,考试时我经常忘记东西。考试的时候,我都快窒息了。而她会安排作文考试,在这类考试中,无论如何我也得不到高分。我觉得我永远也拿不到 A。

当然,考试会暴露和反映学生的认真程度以及对知识的理解程度("我们要进行一个满分 5 分的测试……让我了解一下你们掌握的程度")。考试会提醒青少年现在和未来密切相连,众多考试可以生成一系列成绩报告单,最终提交给家长和校长,表明老师们已经履行了职责。[24]既然考试可以实现这么多目标,那么老师的话语中频繁出现"考试"一词就不足为奇了。如果你需要证明学习者寻求听觉信息的视觉证据的话,花一个小时考察一下典型的高中课堂就可以了:当老师一说这些内容都会出现在试卷上时,25 双眼睛就会像车库的自动门一样齐刷刷地打开,盯着老师。老师们都知道,当其他吸引学生注意力的方法都失效时,提醒学生考试中会出现这些内容每次都能吸引学生的注意力。下面的故事表明外在动机与内在动机在教学上有本质区别[25]。在下面的课堂记录中,认真的F老师试图把一群不服管的学生拢成一团,最终却徒劳无益。两个迟到的学生漫不经心,把已经混乱的课堂搅得更加混乱。(艾伦同学在第二章的现场记录中也很突出。)

英语课,3月份

学生们拖拖拉拉地走进教室,每个人都在讲话,已经2:30了,这是今天的最后一节课。一个叫简(Jen)的女生走进来,穿着一身绿色,羊毛衫上有很多带标语的别针,手里拿着一顶爱尔兰小精灵的帽子,里面放满了糖果。经过通道的时候,她给每个人发了一块好时巧克力或奶油硬糖。

走过我身旁时,她也给了我一块糖,于是我说:"哦,我也有吗?"她回答:"是啊。"

男生(对着我说,关于简的):她就想讨好你。

艾伦(用爱尔兰英语说道):天哪,我的爱尔兰春天到了。

学生:哦,陈词滥调。

艾伦(大声道):你跟我一起去沐浴吧,简?

简要么没听见,要么装作没听见。给每个人发完糖以后,她坐下来,艾伦最终也坐下来了。

老师:请拿出一张空白纸,在右上角写上你们的名字。

学生们一阵抱怨。

老师(再一次说):拿出一张空白纸来,在右上角写上名字,右上角。

艾伦：我没有钢笔，简，你有钢笔吗？

简：没有。

艾伦[喊坐在教室另一头的一个女生的名字]：你有钢笔吗？你有多余的钢笔吗？

女生：没有。

艾伦[小声地对坐在他前面的杰西(Jacy)说]：你有钢笔吗？

杰西没有转身，摇了摇头。

艾伦：F老师，你是否碰巧有多余的书写工具呢？

老师：你是否问过其他同学有没有？

艾伦：他们说没有。铅笔。[接着，就像历史老师在《跷课天才》(Ferris Bueller)那天一样自言自语]谁有？谁有？谁有？

教室里没有人笑。F老师给了他一支笔。接着，艾伦又没有纸。最后，他从其他人那里找到一张纸。

老师在黑板上写着："你们是迷惘(lost)的一代。"

老师：读一下，就是你们。你们就是这个样子。

学生(抱怨)：我们不是，我们不是。

老师：根据海明威的描写，你们就是迷惘的一代。写一写这个含义。

艾伦(大声地问)：是否可以理解为我现在离开，然后说我走失了呢？

老师：不行，不行。我想让你们描写一下他是如何把这个词用在他的异国作品中的。

学生们茫然地看着她。

男孩(突然地说)：好吧，都交卷吧。

除F老师以外，其他人都大笑起来。

老师(深吸了一口气)：我在你们班安排的内容和其他班没有区别，他们就没你们这么麻烦。对迷惘的一代的解释应依据作者在作品中的描述。

学生们相互看着，抱怨个不停。

老师：想想这个故事。是什么样的故事，是否合适，各个部分是如何衔接在一起的？

发完糖以后，简把爱尔兰帽子戴在头上。全班都笑了，就好像意识到她的这个动作表演代表绝望。吃糖时间已结束。

老师：不，不要。不要戴帽子。

简又把帽子摘了下来。

艾伦(摘下他的帽檐上有校队名称的白色画家帽)：谢谢，简(嘲讽地说)，我现在要把眼睛蒙上。

艾伦拉下他长长的头发，盖住了眼睛。

他试着拉了一会儿头发，又把帽子戴在头上了。离F老师说不要戴帽子大约过去10秒钟了。她再也没有说让他把帽子再拿下来。

老师(继续说)：同学们，你们也可以做得到。你们都非常聪明。

学生们还是茫然地看着她。

老师(恼怒地说)：好吧，现在我们就把它当作一次测试吧。

学生们又发起牢骚。

老师：第1题，医院在哪个城市？第2题，她卖什么东西？第3题，他在做什么运动？

教室里鸦雀无声。一瞬间，考试的通知扼杀了班级个性。

艾伦(突然地说):你应该给我们点时间考虑答案。

老师(继续说):第4题,好,关于叙述者。本(Ben),拉里萨(Larisa),眼睛别四处张望。叙述者待在那儿的理由是什么?叙述者为什么在那里?

学生:啊?什么?

老师:在这个故事中,叙述者为什么到了那里?第5题,第6题……根据作者所言,哪一群人比较爱国?下一个问题,谁很喜欢击剑?

学生:写他的名字?

老师:不,你不一定要知道他的名字。

学生:那要怎么做?

老师:他们是怎么称呼这个人的?他在这个故事中是哪个人物?第8题,他试图说意大利语,他做错了什么?第9题,他为什么不想结婚?第10题,故事是如何结尾的?

大约在说到第5和第6题的时候,有两个学生走进教室。先是一个女生,她直接走到第一排最后一个座位,我原先坐在那里的,她一直盯着我看,似乎暗示我应该让开那个座位。她穿着黑色牛仔裤、黑色皮夹克,拉链一直拉到脖底,好像是待在室外冷风中。在她后面进来了一个男生,留着红色短发。他俩都重重地坐在座位上,看着大家写。

老师(对那个女生说):你去哪儿啦?

女生:去办公室了。

老师:他们没给你证明吗?

女孩摇了摇头。

老师:罗伯特(Robert),你到哪里去了?

罗伯特:四处走走。

全班都笑了起来。

老师(没有笑):你们俩课后留下。

坐在第三排的一个女生问后来的那个女生发生了什么事。

后来的女生:他说……(听不清)。然后他说我反应过激了。

突然,F老师离开了教室。在整个测试过程中,那个曾在欧洲住过、在体育馆和我谈过话的女生在纸上一个字都没有写。3分钟后,老师回来了,手里拿着两个课本,给了罗伯特和那个女生。女生站起来对老师说了什么,然后回到了座位上。过了几分钟,老师来到我的座位跟前,对我说:"我可以请你离开吗?我几乎不能相信他们今天会是这个样子。"我说:"哦,天哪,实在抱歉,肯定是因为我的原因。"她说:"不,不,不。但是,我一定要请你离开。他们已经失控了。"我赶忙向门口走去。

艾伦:哦——哦,你让我开始紧张啦,如果观察者必须离开的话。

在学生的恶作剧中,老师F砰的一声关上了门,让他们继续写作。当学生必须为掌握控制权的成年人——老师,绞尽脑汁地写出答案时,他们就很难再和同伴开玩笑了。考试被用作吸引学生注意力的工具,提醒学生上学的真正目的。我们明显感觉到了老师的强大威力,可以在一瞬间影响一群人的情绪,长此以往,影响这群人对该课程的态度。我再一次想到,如果教育的目的是抑制学生愉悦地写作的话,那把写作当作一种对学习不投入的惩罚措施一定会达到这个目的。

有这么多的方式来凸显学校里最聪明学生的地位——一个陌生人来到任何一所学校,不消5分钟,他就可以从学生那里发现谁的分数最高,这足以解释为什么涉及考试的话题时,学生马上就警觉起来。考试成绩优异的学生得到众多无形和有形的奖励,比如赢得尊敬等无形好处以及快餐优惠券等有形奖励,甚至在这个州可以降低汽车保险费率。为了还汽车贷款而打两份工的杰克(Jake),正处于由保险费折扣而引起的两股矛盾漩涡中。

杰克:啊,我退了化学课,因为我学得太不好了,真的不懂。我有一辆车,因此我的成绩至少需要是B,上了B荣誉榜的成绩才可以享受保险折扣。目前,我的保险不是太差,坦白说,我的车很烂,我想要买一辆新车。目前,我只买了第三方责任险,费用还行。但是买新车的话,那……当时我的化学课总分接近50%(相当于D或以下——译者)。如果不退课的话,一定会拉低我的平均成绩(GPA)。

采访者:我没想到保险公司给你的汽车上保险时还会看你的平均成绩。

杰克:嗯——嗯(是的)。因为如果你在B荣誉榜上的话,就可以有保险折扣,当然,如果你处于A荣誉榜的话,折扣额度更大,因为这可以证明你属于哪一类人。我真的不认为这个条款好,我真的不参加聚会,也不做任何不好的事情,但我知道一些在A荣誉榜上的学生经常参加派对,他们还有一些车祸记录,但他们仍可以得到较大的保险费折扣,因为,嗯……

采访者:因为他们是A类学生。

杰克:嗯——嗯(是的)。因为他们的课上和课下练习题都抄其他同学的。考试的时候不抄,我还真没看到有多少人在考试的时候抄袭。我不知道为什么——或许因为他们知道如果抄袭被抓,就得被迫退掉该课程。但是我甚至也抄。那是在上德语课的时候,我从一个去过德国的女孩儿那里抄,她家是空军基地的,那可真帮了我大忙。有时我不会答题,就探头看看她的答案,我会把答案写下来,然后再试图搞清楚为什么会是这个答案。

采访者:好吧,嗯。还是接着谈谈保险的问题,因为保险优惠的原因就退掉化学课会不会影响你的大学申请呢?大学入学对科学课程有一定的要求。

杰克:哦,高中毕业要求的所有必修课我都修过了。那门化学课有助于我的大学申请,但不是决定性因素,况且,如果我要上本地大学的话,他们必须接收我。[26]

在学生眼里,成绩和汽车保险费用之间的关系很重要。但是,类似的外在奖励制度也会产生一些不良后果[27]。事实上,这是鼓励学生少学而不是多学,因为学生为了得到高分,就会选择一些简单的、比较水的课程(因此自欺欺人,丧失了接受更好教育的机会);学生们被迫彼此"帮助",通过分享考试答案和作业来提高成绩;学生们开车更不小心了,因为他们知道学校里的好成绩会减轻因车祸对他们的处罚。同时,为了得到好成绩而和其他人竞争又会加剧学生的压力;强调竞争的做法与州立学校强调合作的目标南辕北辙;老师们不再受到让课堂教学和课程充满新意的困扰,因为学生自己会把课程考试看成获得外界回报的必由之路;没有人再会因学习本身而爱上数学、自然、英语等课程,因为一个非常现实的动机介入到一个本该理想化的境况中;最终,投机取巧或看着别人投机取巧取得好成绩,使学生完全肯定了不择手段实现目的的理念。青少年的这种玩世不恭是这一代人最突出、最可悲的特征。在学校的竞争氛围中,他们形成了这样的理念和行为。

作　弊

"我爸爸总是说'做任何事情之前都要先想一想,想一想我是否会喜欢它。'哎,说得一点都不对!我每做一件事情都要想一下你吗?我的意思是想想你(会)想让(我)做什么?(怀疑的语气)"

——安吉拉(Angela),11年级

"除非心中有一个伟大的偶像,否则道德教育将成为空谈。"

——阿尔弗雷德·诺思·怀特海[28]

在观察或深入研究中,我们发现青少年的另一种压力源自学校普遍存在的不诚实现象。一个世纪以前,朱尔斯·亨利(Jules Henry)认为学校对作弊的应对处理很"草率",总体而言,青少年文化拥有一种"邋遢的道德"。[29]最新的研究表明,61%的高中生说他们在过去的一年中有作弊行为。[30]研究表明:"高中作弊的学生有不到2%……被抓住……我们在创造一个世界,在这个世界里舞弊者可以获得成功;说实话,我们无法告诉学生,诚实是最好的策略。"[31]舞弊者"猖獗"是因为老师没有勇敢地制止他们,或许因为老师们担心没有足够的证据来抵挡学生的反咬一口,比如,被学生指控诽谤。也不是所有的老师都愿意收集证据,如同哨兵一样站在教室后面,或在学校开大会的时候提前退会,去看看哪个学生考试时在座位上骚动不安。学生说老师很少去阻止作弊,即使这样,他们声称老师对这一切心知肚明。

学生作弊的方式形形色色:他们会在测试中吸引头脑聪明的同学的注意力,让这些同学在测试中"慷慨地"为自己改正试卷

("你把试卷传给后面的同学,他们会把正确答案直接替你写上去。");在走廊里找到刚刚考过试的同学拿到考题;偷实验室的器材来替换自己打碎的器材;偷取成绩簿并把它扔掉;修改成绩簿后再把它放回原处["你知道,在体育比赛的赛前动员会中,学生们会匆匆离开,溜回(教室)更改(成绩)什么的。他们会先改自己的成绩,然后改(他们)朋友的成绩。因此,这相当于一次性完成了很多(必须)做的计分作业啊!"];把克里夫学习指南(Cliff's Notes)或其他学习指南压在试卷底下("他们每个人都有这个笔记,因为从来都不读书,他们在所有的测试中都作弊。");头天晚上把《葛底斯堡演说》(Gettysburg Address)抄在老师会用的那种试卷纸上,然后上交预先写好的那个版本;采用适合伪装的发型,这样考试时和别人偷偷说话就不会被发现;花钱请人替他们做作业;采取一种徒劳无益的方式——写一本从没读过的书的评价,把每一段的第一句话抄下来拼凑而成。

　　制度并没有赋予学生任何力量去反对作弊。即使举报作弊,学生也可能不会得到鼓励。如果一个学生出于自身的道德愤怒,直接到老师那里说他的分数虽比那些满分同学的分数低,但他更诚实的话,他可能得不到老师的鼓励["她只会这么说'蒂姆(Tim),你只要管好自己就可以了'"]。

　　迪安娜(Deann)希望化学老师能够早一点干预。当老师开始制止作弊的时候,学生们已经抄了那么久了,这时再不许作弊,他们就很生气。结果,迪安娜实际上比任何时候都更愤世嫉俗。17岁的她意识到,大学预科班的成功并不能证明你的优秀,平均分为B只是意味着这个学生比较诚实。

　　迪安娜:(作弊被抓)他们都非常生气,因为以前作弊一直没人管。太明显了！老师喜欢最后抓学生一次,这使他们非常生气。这一群学生坐在教室的后面,他们的分数相同,前半年他们都得了A,现在都得了C,因为作弊被抓了。很明显,他们作弊了,老师应该采取行动,问题是他一直到(学年)过半才采取行动。如果他第一次就阻止作弊该多好啊！上第三节课的学生会把考试的问题和答案写下来,交给上第四节课的学生,让他们得个好分数。有一次,他改变了第四节课的考试内容,有些学生就全部做错了。我认为老师这样做非常聪明,但是学年已经过半,他们后半年的成绩会非常糟糕。如果在一开始就知道不能作弊,他们可能会学习刻苦些。在那门课上,同学作弊真的很严重。好像在有的课上作弊确实挺凶,但在另外的课上基本没人作弊……在我看来,很多人认为一些学生没有得到A,是因为他们不够聪明,其实他们只是不像其他人作弊而已。有些学生上很多大学预科课程,其实他们什么都不懂,因为他们是一路作弊过来的……但是,有时候真是太明显了,我的意思是,有些(老师)可能装作看不见,但是班里的每个同学都知道。因为班里的那些同学,我真不喜欢去上那门课。我真的不会像老师那样处理问题,因为我真的不喜欢他,但是我在班级表现不错啊(原话)。如果有不懂的地方,我就会上前去问他。我们在实验室做实验,打碎东西是要赔偿的。如果某个同学忘记锁实验室的抽屉,就会有人把里面的东西偷个一干二净。我们班有一半的人真的很糟糕,而另外一半不错。因为有那样一半糟糕的人,我们都要遭殃了。

　　那么,作弊的学生又是如何说明他的行为合理呢？下面斯科特(Scott)说的话蛮有哲理的:生活很艰难,冒点险很有趣,寻求生活的平衡点。

斯科特：是的，但是（作弊）不是什么大事啊。因为，我的意思是生活本身是不公平的，有好有坏，都要接受。我就是这么看的，你不可能指望你总是运气好吧？我想在英语考试中作弊和这个情形差不多，我不生气。我想得很清楚，假如可以成功作弊，为什么不呢？因为不会有人知道的。这是一种捷径，（学习一门指定课程）是我早就不想做的事，尽管必须做。我作弊的部分原因就是想看看我可不可以作弊。因为它让人兴奋，就像为了寻求刺激而做某件事情。看看你能否侥幸逃脱。

和斯科特的利己行为相比，有些学生的行为更为利他一些，他们还没走出校门，就从事某种慈善活动。作为提供答案的人（被抄袭者），他们做了好事，帮助了有需求的人（下面的这个学生，吉姆，也就是在第二章提到的道歉"彩排"的叙述者）：

吉姆：那个坐在我后面的女孩？她换了座位，坐到我旁边，又换了座位，就坐在我前面了？——她是个毒品贩子。下面的事情很棒：有一次，当我们写读书报告的时候，我们班所有人……让我替他们写读书报告。一周时间，他们每人给我5美元。当时我是这么想的，嗨，你知道，或许我可以靠帮别人写读书报告赚点钱，因为，你知道，我读了不少书。我很喜欢替别人写，因为我可以读任何书后来写报告。因此，我们班有个迷恋我的女生就要求我替她写。她是第一个要求我代写的人，我就说"好啊！"因此，我给了她一篇《巴黎圣母院》的读书报告。我（以前）读过这本书，花了一个半小时就写好并打印出来了。我的意思是，如果我以前曾读过这本书，我只消再浏览一下，找到一些基本内容，写好打印出来就可以了。我保证得A，也确实得了A。这就像是，哦，只要花5美元你就保证可以得到 A,还是打印好的。

采访者:如果他们只得了 B,你是否(愿意)把钱退给他们?

吉姆:对啊!但是每个人都得了 A。因此,我是说这就是绝对的自信……他们还在继续付钱给我——英语课你需要交诗歌作业?给我2美元,我替你写一首诗歌。

采访者:这样……就……乱套了。

吉姆:实际上,从 10 年级起,我就开始帮别的同学写读书报告和其他东西了。

采访者:好吧,你已经知道你可以靠写作谋生。

吉姆:是的,我也想这样说。有一天,我带着 40 美元回家了。妈妈就问,你哪来的 40 美元?我就,好吧……我告诉了她所有的真相,我说,你瞧瞧,你以前说过我可以靠写作挣钱的,现在就可以啦。我可以成为那些大学中代写论文的孩子之一……现在我正在写 12 年级的论文,每篇 500 个字——一篇是用 500 字写一篇奥尔德斯·赫胥黎(Aldous Huxley)的传记,一篇是写 500 字的关于杰伊·盖茨比(Jay Gatsby)的论文?我以前还没读过这本书,现在要读一读。我今晚必须读一遍,然后写一份读书报告。

采访者:你会喜欢这本书的。500 字的论文你可以得到多少钱?

吉姆:三篇,三篇 500 字的论文,共 1 500 个词。

采访者:给同一个孩子写的?为一个孩子写了三篇?写三篇论文你收多少钱?

吉姆:他必须有论文才能毕业。我替他写要 20 美元。每个人都说,哦,你可以要价 50 美元的。但是我,你知道,他要靠这个才能毕业。你知道,他学习很努力。这是他第三次争取毕业了。他学习真的很刻苦。他只是不能……你知道,他坐在那里,所有同学都拿他开玩笑,喊他名字,说他是傻瓜。他确实尽力了。因此,这样你就明白了。

采访者:他在校外打工,还是参加体育活动?或者两者都做?

吉姆:他在学校上的全是技工课程(指高中开设的对学业要求相对低的一些课程——译者)。

采访者:你写的(那篇)文章的质量会让老师吃惊的。

吉姆:是的,下课后他来找我,把我带到走廊拐角,说,不要写得太好,要不然她就会知道不是我写的。我就说,好吧。他今天来找我,他说,吉姆,你知道,你太聪明了。你能得 A,对吗?我回答,是的。他又说,嗯,你确实聪明,对吧?我说,啊哦,我猜是的。他说,好,你愿意为我做这个吗?我说……好。其他人可能会说,哦,你这样让他学不到东西之类的话,但是……

在考试过程中同学们肆无忌惮地寻求帮助,使聪明的学生成为牺牲品。事实上,老师阻止学生作弊有一个合理的理由,就是把优秀学生从"分享"答案的压力中解救出来。学业优秀的学生有不同的道德困境,不是作弊与否,而是需要足够强大的道德心理,才能对前面十几个同学发出的"传过过过过来"的喊声充耳不闻。作为最聪明的学生总是不容易的,聪明而对同学冷淡超然会使你陷入万劫不复的境地。特别是那些数学好的优秀学生,有被别人抄自己的作业或考试答案的经历,学生们这样描述他们:"午饭时,他们都聚到埃迪(Eddie)身边,(说)让我看看你的作业。我认识许多同学,因为要把答案什么的给别人而备感压力。"通过让别人抄袭就能收买到好名声;否则,就得不到。看起来,学生确实会面临各种压力——归属感压力、相互帮助的压力、哥儿们义气等,这些压力常常凌驾于学生曾经接受到的道德修养训练之上(反之,在学校被孤立的孩子恰恰找不到归属感,因此为了不被孤立,他们被迫妥协,而这违背了自身的道德修养原则)。仿佛学生亚文化中有一套行为准则,它就写在学校的大门上,而且只有某个特定年龄段的人才能看得见:"进来吧,我们可能会让你成为我们中的一员——这是比你的其他任何教育都更重要的部分。"

注释

[1] Tan, Amy(1995), *The Hundred Secret Senses*, NY: G. P. Putnam's Sons, p. 43.

[2] 68%的学生认为校园暴力微不足道或者不是什么问题。来源:Shell Poll (1999).

[3] Lee, Harper(1960), *To Kill a Mockingbird*, NY: Warner Books, p. 33.

[4] McGuffey, William Holmes(1879), *McGuffey's First Eclectic Reader*, NY: Van Antwerp, Brag & Co..

[5] 1990年2—5岁儿童平均每周看电视的时间为27小时。来源: Centerwell, Brandon S. (1992), Television and Violence: The Scale of the Problem and Where to Go From Here, in *The Journal of the American Medical Association*, 267(22), p. 3059(5).

[6] Goodlad, John(1984), *A Place Called School*, NY: McGraw-Hill, p. 97.

[7] *The Far Side*® by Gary Larson © 1983 by FarWorks, Inc., All Rights Reserved. Used with permission.

[8] Ackeman, Diane(1990), *A Natural History of the Senses*, NY: Random House, p. 305.

[9] Whitehead, Alfred North(1948/1974), *Science and Philosophy*, NY: Philosophical Library, p. 37.

[10] 根据2000年的联邦调查数据,北达科他州的人口为642 200人,种族分布如下:92%的白人,4.9%的印第安人,1.2%的拉美裔,0.6%的非裔,0.6%的亚裔,0.4%的人自称"其他人种",1.2%的两种以上混合人种。

[11] Eckert, Penelope(1989), *Jocks and Burnouts: Social Categories and Identity in the High School*, NY: Teachers College Press.

[12] 虽然校园谋杀案的数量从1991年的52起下降到1999年的13起,校园暴力的关注度却持续提高(美联社:2000年9月7号,"FBI警告官员要注意有暴力倾向的学生")。

[13] 公立学校学生穿统一制服说和以下方面具有相关性:"……减少暴力和偷窃行为,防止帮派颜色和标志,强化纪律性,抗拒同伴压力,增加校园凝聚力,识别外来人士。"来源:U. S. Dept of Education. *Manual on School Uniforms*, February, 1996, op cit: Noll, J. W., ed. (1999), *Taking Sides: Clashing Views on Controversial Educational Issues*, 10th edition, pp. 311-312。

[14] Eckert, Penelope(1989), *Jocks and Burnouts: Social Categories and Identities in the High School*, NY: Teachers College Press.

[15] Irving, John(1996), *Trying to Save Piggy Sneed*, NY: Arcade Publishing, p. 372.

[16] 在北达科他州,17岁的青少年中有58.9%的人有过性经历。参见:Wessan-Downey, V. and R. G. Landry, Self-Reported Sexual Behaviors of High School Juniors and Seniors in North Dakota, *Psychological Reports*, 80, pp. 1357-1358, 1997。

[17] Updike, John(1981), *Rabbit is Rich*, NY: Alfred A. Knopf, p. 400.

[18] Gilbert, Robert N., and Mike Robins(1998), *Welcome to Our World:*

Realities of High School Students, Thousand Oaks: Corwin Press.

［19］ Shell Poll(1999).

［20］ 美国所有高中的教材和标准化试题都由同一家公司出版,这不免令人质疑考试和教材市场推广的关系。参见:Daniels, H. (1995), Whole Language: What's the Fuss? in Levine, D. , R. Low, B. Peterson, and R. Fenario, eds. (1995), *Rethinking Schools: An Agenda for Change*, Scranton, PA: W. W. Norton。

［21］ "我们的生活……90％由情绪控制。大脑存储身体体验并依据身体传输的体验而行动。智力和情感的关系就像衣服和身体的关系,没有衣服不会有文明的生活,但是有衣服而没有身体则会非常糟糕。"来源: Price, Lucien(1954), *Dialogues of Alfred North Whitehead, As Recorded by Lucien Price*, Boston: Little, Brown and Company, p. 231。

［22］ "1990年全美国的考试时间加起来总计有2 000万天,总耗资为8亿美元。"来源:Supoviitz, J. A. and R. T. Brennan(1997), Mirror, Mirror on the Wall, Which is the Fairest Test of All?: An Examination of the Equity of Portfolio Assessment Relative to Standardized Test, *The Harvard Educational Review*,67, pp. 472-498。

［23］ Joyce, James(1961), *Ulysses*, NY: Random House, p. 4.

［24］ "像标准化的多项选择题这类测试并不是有效的测评问责工具。教学以测试为目的只能使教育变得扭曲和狭隘。学校不是对家长、社区、老师和学生负责,而是变成对毫无监管的考试行业负责。"来源:*Fair Test*, The National Center for Fair and Open Testing, Cambridge, MA. www. fairtest. org。

［25］ 参见:Ryan R. M. , and E. L. Deci(2000), Self-Determination Theory and the Facilitation of Intrinsic Motivation, Social Development and Well-Being, *American Psychologist*, 55(1), pp. 68-78。

[26] 北达科他州的四年制大学要求学生必须是高中毕业并修过一定的核心课程,总的学分平均成绩不低于 2.25,ACT 成绩不低于 17。

[27] 外在奖励会导致对活动本身的兴趣减弱。参见:Deci, E. L. and R. M. Ryan(1985), *Intrinsic Motivation and Self-Determination in Human Behavior*, NY: Plenum; Kohn, A. (1993), *Punished by Rewards: The Trouble with Gold Stars, Incentive Plans, A's, Praise, and Other Bribes*, Boston: Houghton Mifflin。有人认为标准化测试也会导致失望情绪的增长和内在动力的下降。参见:Caine, G., and R. N. Caine(1999), Bringing the Brain into Assessment, *The High School Magazine*, March。

[28] Whitehead, Alfred North(1927/1967), *The Aims of Education and Other Essays*, NY: Macmillan, p. 69.

[29] Henry, Jules(1963), *Culture Against Man*, NY: Vintage Books, p. 280.

[30] Josephson, Joseph, and Edna Josephson(1998), Report Card on the Ethics of American Youth, Marina del Ray: Josephson Institute of Ethics.

[31] ibid.

第四章 困 惑

"……还有代数,我就是学不会。"

——Liz(利兹),11 年级

"有意义的知识必须在实践中建构,需要探索事物之间的联系。"

——约翰·杜威(John Dewey)[1]

小学的优势在于同一个老师在整个学年的时间里会全天陪伴同一群学生。即使小学老师和小学生不是好朋友,他们相互之间通常也都非常了解。一个小学老师可以预见学生们对一些话题、团队活动以及竞赛的反应;她了解学生在阅读、饮食、音乐方面的爱好;了解什么会使他们过敏或不喜欢,什么是他们的习惯或嗜好;在课堂上,她很清楚该把学生放在什么样的位置,扮演什么角色,又该把自己放在什么样的位置,扮演什么角色。小学老师常说:"我有点儿不放心凯特(Kate)。我注意到她这周沉默寡言。"高中老师则全然不同。凯特越是沉默,老师就越注意不到她。忙碌的高中老师不担心沉默的学生,他会因此感谢上帝。要给成绩册上的 125 名学生批改成绩,要为 5 个不同层次的班级备课,为了职业发展的需要自己还得学习关联性不高的教学资料,这些工作使高中老师几乎没时间认真、深入地考虑所有学生各不相同的个性——更谈不上因材施教、选择适合学生的教学模式了。那些特殊的学生——优等生和差生,保证能引起老师的注意。这也是为什么有的家长在秋季参加第一次家长会时觉得有几分好笑,老师混淆了学生的姓名和面孔,似乎不知道他那个腼腆的儿子是谁。老师汇报了全班学生的成绩,但没有任何具体细节,对学生也没有深入的看法。

许多初中生的不开心记忆来自第一次有6名陌生的教师轮番给他们上课["(小学老师)通常会详细解释,但初中老师们认为你知道该怎么做。而我却真的不知道该怎么做"]。上高中以后,学生们意识到那种隔离或未被认可的感觉会成为他们日常生活的一部分。我问11年级的学生,有什么是他们现在已经知道,而刚上高中时不知道的吗?他们说:"高中校园太大了。和以前的学校不一样。你在这儿有更多的自由,但在这儿也会感到孤独。"有一次,我告诉一位同事我在研究高中学生的初中情怀时,她说:"你一定要记住高中是重新洗牌,表现一般的学生会被湮没。高中是各路'明星'学生与差生的沃土,而表现平平的孩子则会被忽略。"屡次受挫后,这位受过极好教育的专业人士和她的家人搬到了乡下。生活在小镇上,老师们对她的孩子们完全了解,孩子们有更好的机会参加各种活动,因此获得自信和自尊。

如果学生能够理解高中老师事情繁多、疲惫不堪的境况,那么学生们也许会意识到在改变现状中他们可以发挥的作用。下面的访谈中,杰基(Jackie)说她每天都会坚持作出额外的努力以确保自己进步。师生之间的人际关系又一次被学生看作取得优异成绩的必要条件。

杰基:一些(老师)在乎,是个别老师。但大多数老师不想多事,不想去理会这类问题。(他们似乎会说)那是你的生活,你知道的……我知道他们很多人不理解。很多老师会说："你现在在我的班里，那么，你必须得这样做。"虽然绝大多数老师不会那样说，但还是有老师那样……D老师就是那样一个女教师：她和学生们之间没有联系……如果你遇到问题，你会感觉到她根本不在乎你是否有问题，因此你就根本不会和（她）沟通交流……我认为你得理解师生关系……不过，一个老师要应付那么多学生。是你得下功夫了解（原文如此）老师……外向一些，多向老师问问题，多和他们说话，弄清楚他们的想法……这就是你一开始上高中要做的……如果我有问题，就会去找老师，对他说"老师，我的问题是这样的""这个问题会怎么样发展""我现在无法按照你的要求做"。大多数老师都会理解的。不过你得去找他们。如果你不做作业，他们才不会主动找你。为什么会这样呢？老师会说："你没有完成作业，显然，你不想完成。"我必须和（老师）建立联系。这样，明年一切都会容易些，因为我已经认识几位老师了，已经上过他们的课，明白？第一年的话因为你初来乍到，在杰弗逊高中里谁都不认识，什么也不知道，认了？你得想办法接触了解自己的老师，或者……我也说不好（叹了一口气）。

听起来你必须得认识了解任课老师，否则，就永远也别想晚交作业（"我现在无法按照你的要求做"）。

考虑到一天中有无数的测验以及各门课程设置的相关度很小（除非碰巧，否则没有一个老师会知道其他老师的课程要求），流水般的考试加上学生的其他个人焦虑因素，将会不可避免地引起学生对成绩的焦虑。杰基的建议是：一定要熟识你的老师，这样的话，如果遇到问题，你就可以找他们。我认为，她的话可以这样理解：熟识你的老师，这样当你告诉他们考试和你个人的其他事情发生冲突的时候，老师就会相信你。

总是考没有学过的——美国青少年的哀叹带给我们的反思

　　一个成功的课堂应该是一个年长者和一群年轻人围绕着课程畅所欲言的一场盛宴。正如在销售人员培训课上，他们首先要学习的是"单方面的讲述不是销售"，要使客户感兴趣，参与会话，询问产品信息。最佳的销售语言模式总是围绕着客户、以客户为中心的。这个比喻尽管不怎么恰当，但是，即将成为中学老师的师范生同样只有设法让学生感兴趣、积极参与课堂活动才能取得教学的成功。师范生会说想当生物、历史或音乐老师，却忘记了他们首先是要成为青少年的老师。或许是因为想到要面对这么多性格不同的学生会令人却步，或许是因为学校体制——他们亲身体会到的——让他们束手束脚、不敢创新，最有可能的是因为对于不用显示自己是最终权威[（如果他们能）只把自己当成一个正常的人!]也能赢得学生尊重这种理念还很陌生。不论是什么原因，许多老师最终采纳的是在大学里面看到的教学模式：信息灌输（"老师们的行事方式让人觉得他们根本不在乎你是否能学会"）。老师们以教材为尊，这让学生们感到自己被忽视了："她好像是在教她自己，而不是教我们""他又在自说自话"或者"又跑题了，开始讲他自己的经历了"。[2]

　　我们知道，越多的人卷入某一社会或政治事件当中，每个人对所发生的事情承担的责任就越小。比如说，一次事故现场的证人越多，求助的反应时间越长。学生一旦步入高中，就遗憾地意识到对于他们的个人或学习问题的反馈速度要比以前慢多了，因为有6个以上的老师对他们负有监督职责。有人可能会说这很正常，因为在现实生活中，尤其像在大学这样竞争激烈的地方，一个人要完全靠自己独立前行。可能高中就是你需要习惯这种做法的地方，越早越好。备受宠爱的时间已经过去了，高中这个训练营就是庞大、糟糕、没有人情味的世界的缩影。这样的功利主义思想不认可归属感与有意义的工作之间的必然联系,它不认为你需要先有归属感,然后才能感到工作或学习的意义。这样的理念意味着在真正、真诚的学习和感到学习有意义之间没有必然联系。但是,参与本研究的学生会迫切地告诉你这种理念是完全错误的。

被忽视

"你知道,很少有老师会真正在乎你是否学会了。"

——肯(Ken),11年级

"在群居社会里,人们常常以为大多数人对他漠不关心或不喜欢他,只有很少数人喜欢他。在这种情况下,很难想象还有什么能比不表示关爱和认同让社会关系受到更大的毒害。"

——朱尔斯·亨利[3]

或许,不是老师们不关心学生,而是他们认为自己的首要任务是教课。对于老师来说,有那么多事情要做,他们只能委屈学生,为课程让位,老师们没有时间给学生发出"关爱的信号"。难道这是他们真正的工作吗?难道教室里没有足够的关爱信号吗?即使社会人际关系受到毒害,这里也不是保龄球馆,不是社交场所,我们在这里是培养未来的大学生!学生们需要认可的话,只需要好好表现。坚持上课、不断进步、把该做的功课做了,并不复杂,自然而然就会得到认可,成绩就是认可。然而,以课程为中心,而非以学生为中心的课堂,给人的感觉是忽视了学生,学生很不喜欢("老师们一点都不关心他们布置给我们的作业有多少")。[4]

玛丽安娜(Maryanne)：哦，上帝！知道吗？我今年选修了高级化学——"化学研究"。我们所有去学的人都知道这个课程会相当难，那是另外一回事儿……起初我真的不喜欢这个老师，就像是上历史课，他在黑板上写下所有的东西，然后让你抄下来。并且，给你布置作业，真的很难。过了一段时间以后，我们就适应了。那时候我们学得还可以。接下来，你知道，我们开始积累（知识）了。不过，这是另外一种"积累"，明白吗？我们并没有真正明白那些知识，而事情也变得有点糟糕了，我茫然不知所措。我的意思是……在高中高尔夫球赛季或者其他体育项目联赛季节，如果你一天没去上课，你明白的。他是那种真的不耐烦、焦躁、顽固的老师。你问他一个问题，他会（说）："哦，答案就在那儿啊！就在黑板上！还有什么问题？"如果你向他提问，他就会觉得受到了冒犯了，好像你不尊重他或怎样，（就好像你在对他说）"老师，你教得不对"……还有啊，这个老师有一件不肯做的事，就是他不会在学校待到 3：30 以后。比如说，我们在做"化学品测验"，就是在实验室辨别不同的化学制剂。而如果（你曾经）旷课——如果你一天中没有自由时间，排满了课——那你运气就不好了。因为 3：30 以后他不在学校了，你休想上完一天所有的课程后在这个时间去补化学实验。所以，你必须从另一堂课上逃出来去补这个实验，这样（惹得另一位）老师又发狂……接着就会有别的问题。而对于我来说，这不是问题，因为我有一小时的空闲时间。

采访者：噢，但是，难道学校不要求他待到 3：30 以后吗？

玛丽安娜：我猜想没有要求吧。我认为学校对老师们没有这样的要求，不过，大多数老师愿意多待一会儿。

或许,玛丽安娜误解了老师为何对她的问题很警觉,显露出防卫性。但是,若下课铃声一响老师便离开学校,而不会多待哪怕一分钟,就难免会让她觉得自己不被重视。老师不单单是对需要课业帮助的学生不够耐心(也许他是对学生因参加高尔夫球赛而在课程的关键时候旷课感到不耐烦?),他急于离校,不会"晚"待一会儿。只有每天"晚"待一会儿,学生才可能有勇气说出她自己没搞懂的问题;而其他所有不是高尔夫球队队员的科学天才们早就回家了。对于玛丽安娜来说,他不肯多留一会儿就可能会让学生惹恼另一个老师。所以,这位化学老师做错了两件事儿:他忽视了学生,并且导致了学生与其他老师之间的麻烦。典型的学生一般都是对课程学习很不在意,却非常在乎老师的看法。老师对学生的看法才真正令学生烦恼。

在第二章,我们提到学生会因成绩的好坏而赞扬或者批评老师。考虑到学生们在教学关系中的情感投入,我们可以理解许多人感到困惑的原因,那是因为他们认为老师们不肯更多地投入教学或更清楚地给学生讲解内容。在我看来,学生们在访谈中关于被忽视或感到困惑的描述没有太大意义,因为我相信老师们的确很在乎学生。有任何老师是因为不菲的收入才选择这一行的吗?难道老师们选择教书这一行不是因为喜欢孩子们的缘故吗?难道和那些有点古怪、好笑又对年龄敏感的青少年们在一起不正是教书的乐趣吗?显然,并不是所有的老师都一样。很多学生认为他们是否去上课对老师来说并不重要[5],或他们是否理解教材也无关紧要[6]。事实是那些感觉没有被注视或感到困惑的学生几乎不可能认真对待老师布置的作业。显然,学生需要明白必须为自己做作业。我们这些在公立学校待过的人都知道一些学生——那些我们可能会说很有出息的学生——主动学习、自我激励（西班牙语的"星火闪烁"，即火花四射）的学生代表不了大多数学生。自觉而主动学习的高中生已在考虑长远目标，升入名牌大学或者拥有美好的职业前途。他们的雄心抱负是对老师的嘉奖，他们无师自通、追求成功，会给老师们留下很多宝贵经验。但是，一般的学生不可能也不会那么努力学习，也没有新知识和大家分享。通常来讲，一个和大家分享新知识、超前学习的学生往往就是教师的宠儿。一个班级里面有雄心抱负的学生不多，如果班级里面没有这样的学生，老师则会把注意力更多地放在教材的表面内容上，而不是学生们能否融会贯通。这样的后果就是这些老师们获得了一个令学生困惑而不是教育学生的名声。

偶尔，甚至在众多有雄心抱负的学生们面前，如下面记录的大学预修课堂，一个漠然的老师也会让学生们感到被忽视。一些学生认为老师很鬼祟，其实这是一个很常见的现象，即学生个人不喜欢这个老师。

帕蒂（Patty）：一个人如果喜欢历史，唯一可以拯救他的大学预科历史课的方法就是他愿意自己读历史书籍。或者，你知道，他们有良好的历史背景知识，而且熟悉（相关主题）。只不过大学预科历史课真的很难。我认为老师上课前根本就没备课。他会问："书上提到这点了吗？"我觉得他根本就没看书！此外，还有让我很不舒服的事情。我们拿到的活页练习题上大概只有5个单词，要求是给这5个词下定义。而考试的时候，我们拿到的是一张空白纸，老师的要求是：写出这一章里你知道的40个知识点。可是他却根本没有花费一点点工夫来讲课。我觉得，他没有……他通常把我们分成几组，递给我们一张活页练习题，要求识别上面的知识点。

之后,我们就不再进行任何讨论。或者有时候,他走上讲台开始讲课,说一堆话,然后就问:"对了,书上提到这个没有?"我们会说:"嗯,不清楚。"他会说:"你们自己查吧,如果你们不知道,我也不会告诉你们。"他不会回答我们的问题。他根本不会回答任何问题。如果你有不懂的地方,他从来不会帮助解决。他说那不是他的责任,那是我们自己的事儿。他会说:"好吧,有人知道吗?"我们班上有喜欢发言的人,他们发言时往往绕圈子,从来说不到点子上。这让老师很恼火。然后他会让所有人闭嘴,说:"好吧,你们自己查查,弄清楚。如果你们不看书,我可不会浪费时间。"这就是他最喜欢说的话:"如果你们不看书,我可不会浪费时间。"我的意思是,40页的一章(原文如此)太长,一晚上要看完!根本不能完全看懂……但是,我们有作业,却没有作业分数……好像就是为做作业而做作业。他只会说:"读完这一章,我们会考试的。"考试很难,而我们在课堂上根本没有讨论过有关内容。我猜这真像是一门大学课程,但是这不适合我们,课程节奏非常快。还有一点,他通常给我们活页练习题,但是从来不批阅。我们花两个小时做的功课,他却不闻不问。你知道,我们班的学生非常聪明。他只是发给我们活页练习题,然后说:"看完这个,明天的内容。"而之后他又说道:"喔,今天交,做完它。"最后他给这个作业按50分的总分值给我们打分……他好像要突然袭击我们似的。他这样做事不怎么公平,不光明正大。我就是不喜欢。

尽管我从来没有观摩上面提到的大学预科课程,不过我一大早常去听这位老师教的另一个班级的历史课。课堂上,他精力充沛、幽默风趣,一切尽在掌握中。任何观摩者都会说他很认真,可以让班上的所有学生全神贯注,而且他知识渊博,对历史研究很着迷。有一天,我们一起沿着走廊走,泛泛地谈起了他教的两个不同类型的班级,即高级班和普通班学生的对比。由此,我了解到他是多么不喜欢那个高级班,因为那个班上"聪明的傻瓜们"总是"说话太多",自以为"他们什么都知道",而且他们的父母"为带他们出去滑雪什么的随意让他们旷课"。他并不是真正地要为难那个班级的学生,但他的确不喜欢那些学生。在他眼里,他们自以为是,家庭优越感极强。而学生们也实实在在地感受到了他的憎恶之情。

一位老师如果在课程的关键点不讲话,在真正考验本领的"教学时刻"不讲话,他就没有及时为学生指点迷津,而且错失了厘清相互矛盾的观点的良机("英语课上我和老师的答案不一样……当我试图要讨论的时候——老师却不理我")。学生的问题,如同那些似乎让他们着迷的事情一样,可以一夜之间就消失得无影无踪。30年来,下面这位疲惫的教师可能每年都要看三四遍同一部老电影,却从来没有注意到学生们需要他当场解释一些问题。次日早上的课堂上,学生们还会记得自己的问题吗?

历史课,3月份

大约9:15的时候,贝姬(Becky)从停车场飞奔而来。在她上第一节课前,我们在餐厅聊了一会儿。她好像心情不好。她跟我讲了昨天晚上和她最好的朋友凯伦(Karen)之间的争执。凯伦坚持要借贝姬的车,而这是贝姬的父母绝对不允许的事情。接着,她还讲了昨天历史课上来了一个临时代课老师。

贝姬:她是一个极其无聊的人。兰德尔(Randall)藏起了遥控器,她竟然不知道我们有遥控器。当录像机停播以后,代课老师不断地说,这是怎么回事?这是怎么回事啊?我们都快笑死了。她叫来了两位老师,试图弄清楚电视机出了什么问题。

上课铃响了,我和贝姬匆匆赶到历史课教室。我们来到教室后,那天在代课老师课堂上藏遥控器的学生——兰德尔,正在和回到学校的历史课老师说话。

兰德尔(扯开嗓门):昨天这台电视机出问题了,总是跳片。

老师(看上去很着急):难道是录像带出问题了吗?录像带质量那么差吗?

兰德尔:不是!录像带没问题!不过出现了其他问题。

老师(看上去满脸困惑):我不明白,不明白。

其间,兰德尔周围的学生强忍着笑。

老师:好吧,昨天的代课老师给了我一个纸条,说你们昨天没有看录像。注意啦,我要你们考试,内容有关这部电影,考试成绩作为常规考试的一部,所以要记笔记啊。

老师打开录像机开始播放《愤怒的葡萄》(*The Grapes of Wrath*)。今天这部片子播放得非常顺畅。

老师:这部影片展示了人民的贫穷和绝望。他们收拾行装,离开了俄克拉荷马州。

全班一片寂静。

兰德尔:这部影片是什么时候拍摄的?

老师:1948年。

兰德尔(试图要报复告密的代课老师):代课老师说是1938年。

老师没有搭理兰德尔。电影开始了,灯也关了。老师走到了教室后面,在一张课桌前坐下来,但是并没有在看电影。他似乎在打瞌睡,或者在看腿上的什么东西。教室里太黑,看不清楚他究竟在做什么。贝姬打开书在做作业。我数了一下,有8个学生打开了书,拿着笔在做作业。一名男生就坐在老师旁边,他不是在看电影,而是在做其他事情。他前面的一名女生在快速地写字。我真不知道,光线那么暗,他们怎么能看清。贝姬和兰德尔在讨论她的作业。接着,她开始念昨晚发生不合的凯伦传来的纸条。

连续播放了45分钟,还有2分钟下课时,老师关掉了录像。显然明天还得继续播放剩余部分。老师绝对什么也没说就径直走出了教室。学生们收拾好了东西,但是下课铃还没响。

男生(对一名同学说):我真搞不明白,既然电影中的这些人那么饿,他们为什么不吃蔬菜呢?

女生甲:他们没有啊。

男生:当然有了。他们在加利福尼亚,怎么能没菜吃呢。

女生甲(指着离开的教师背影说):你问他啊。他们就是没菜!

女生乙:我不知道谁是谁。我就是弄不清楚这部电影里的人物。

女生丙:放电影的时候我睡着了。

凯伦(转向这几位同学):我在英语课上看过这部电影。

男生女生们齐声说(怀疑的神态):你都已经看过了?

凯伦:对啊。

女生乙:真希望我昨天看了开头的那部分。

女生丙:昨天我们什么也没看。

下课铃响了,学生们闪电般地冲出了教室。

代课老师的出现是班上那些恶作剧者和捣蛋鬼的黄金时机。兰德尔拿走遥控器的事情只比针对代课老师的普通恶作剧好一点点。我发现一个最有意思的现象:当老师发现学生们不在听课的时候,立即威胁说要考这部分内容,而不是考虑到可能代课老师不知道如何让学生们对这部电影感兴趣,作为任课老师的我现在就来激发一下学生的兴趣!相反地,他们会说,记好笔记,今后考试会有用,否则将来会后悔的!学生毫不在乎考试的威胁,因为这一招被老师们用得太频繁了。把威胁作为激励的方式已经不管用了。他们只会在考试前一天担心(并哀求老师来一节复习课)。不管怎么样,学生觉得这是威胁,不会发生的。另外,老师的威胁策略有悖常理:威胁只适合于阻止人们做一些事情(如犯法坐牢、拖延受罚、考试不及格得 F 等)。承诺给予奖励才是督促人们做事的有效方式(如留出个人的时间、早下课去看体育比赛、学习成绩好得 A 等)。我们注意到这位老师在隐性暗示如果学生认真看这部片子的话,他们会得到 A 的奖励,但是话语含糊不清。他应该说,如果好好看这部电影,考试就会得 A。他对学生们的表现很不满意,因为他们让他在临时代课老师面前感到尴尬,临时代课老师可能认为他一直任由这个班的学生胡闹。

　　从老师的角度来看,让这些难缠的学生们意识到认真看这部《愤怒的葡萄》的"回报"——开阔视野、获得审美经验或者各种知识的整合——是一个大挑战。很显然,单纯地预告以上这几种好处不会激发学生们看影片的热情。大多数青少年的兴趣和喜好与成人不同,能够激发他们对影片产生兴趣的只有老师的热情。我母亲过去经常告诫我们:"没有什么比精气神儿更富有感染力",以此让她的 5 个孩子对即将发生的事情不要紧张。一个孩子经受焦虑已经够痛苦的了,5 个孩子都焦虑的话就能组成一个接受心理治疗的小组了。我基本上表达了一个相同的观点,即没有什么能比兴奋本身更具感染力。[7]如果老师真的很喜欢看这部电影,并且传达出真正强烈的想看的意愿,那么学生们也会有反应。学生们真的不喜欢无聊的影片,但若看到老师高涨的热情,他们可能会好奇,可能会希望获得"老师那样的体验"。然而,这些学生们却利用那节课的时间做其他作业。为什么不呢?灯一关,老师就打瞌睡了。

学生们很清楚地知道有很多东西需要学习:他们每天都把一大摞书从学校带回家,第二天再从家搬回到学校。他们当中比较细心的学生对忙碌的老师们有善意的猜测或同情("我猜他们试图教授所有年度计划里安排的内容""如果我必须得教学生,我也会很严厉")。不过,既然学生们花很多时间在考虑如何取悦老师上,如果老师们能花一点时间回馈一下学生,那学生们肯定会很高兴的。

埃利卡(Erica):可是,我的老师几乎毁了每个人,你知道吗?他是一个计算机课老师。我们走进教室,他会把笔记写在黑板上。他根本不给我们做任何讲解。我们也只能把笔记都记下来,得抄整整一节课的时间。第二天,我们走进教室,他说(这节课)是自习课,我们什么都不做。接下来的一天,他会给我们放电影,你知道吗?内容甚至都不是(我们)在学的东西,比如太空之类。再接下来的一天,他会给我们一张复习内容,再再接下来的一天,我们又是一次自习课。他根本不和我们讲话,看上去好像有些惧怕我们。然后,下周一,我们会看另一部毫无意义的电影,接着第二天,我们就考试。谁都搞不明白这是怎么一回事儿。过了一阵子,你知道,我们弄明白了,只要在自习课时间复习笔记,一切就会好。可是……这太糟糕了。他们对他非常不满意。

采访者:谁啊?管理者?

埃利卡:对啊。

被忽视的女生

"W 先生真是个混蛋,他说只要女生穿比尼基游泳,就会得 A。"

——莫琳(Maureen),11 年级

"当然,没有人能期望一生不经历沮丧与批评,但如果每一次失败都伴随着他人的影射,以及深藏于内心的自信受挫,那么失败的代价则更昂贵。"

——玛丽·凯瑟琳·贝特森(Mary Catherine Bateson)[8]

在进校观察的早期,我就注意到女生们在课堂上相对安静。我希望接受采访的学生会谈到他们对这种状态的感受。但是,学生们却没有谈及。因此,我决定询问每个学生一个意在启发的(构思却不好)问题,一道判断题:男生在课堂上发言多是因为他们更聪明。我收到了一致的回答,所有的学生都回答说不是因为男生更聪明。那为什么男生会更多地畅所欲言呢?少数几名学生说,噢,我选的那门课上都是女生们在发言。除此之外,其他大多数学生都一致认为男生确实更多地参与课堂活动。不过,由于性别差异,男女生的理由不尽相同——但都归因于异性的缺点。男生们说女生因为害羞、分心、不感兴趣而很少在课堂上发言,认为她们害怕回答错问题而被人当傻子。男生们用一种陈述无可争议的事实的口吻总结道:男生们天生有主动性。女生们说男生在课堂上爱发言是因为他们嗓门大、令人讨厌、爱出风头,话多却没什么意义。她们对我解释说男生喜欢自我炫耀。女生们也用一种陈述无可争议的事实的口吻总结道：男生们天生有主动性。由于男女生们看法一致，都认为性别差异与基因有关，因此，只有极强的女生才可以突破性别阻碍，而且这种女生需要老师极大的帮助。

实际上，每一个和我面谈过的学生都声称女生不喜欢在课堂上和他人进行争论（"我不知道是不是她们的天性，但是女生们就是不会反击别人的观点，除非她们是意大利裔等民族。"）。若要在讨论中反击别人，刹那间你会不顾及对方的感受，顾不得维持良好的教养与礼仪，可能女生们认为她们没有必要在瞬间不顾教养地去争论。显然，我们不应该毫不犹豫地对性别作出归类化论断，认为所有女生或者男生"天生"更这样或那样。然而，正如怀特海所言，科学研究的结果是"明晰"的（怀特海的反讽，他认为极少有研究能有清晰的定论，大多是模糊的 ——译者注），就此我有一个问题：是否男生比女生更早习惯于在竞争中冒险呢？西方社会里，男孩子玩耍的场地是夏天的沙地和冬天的冰场，有一定的规律 ——投掷/失误、瞄准/偏离、反复努力/最终成功[9]。这是否是一种关于在公共场合失败的温和培训？厄普代克（Updike）曾经说过这个世界的运行是靠竞争推动的。或许，只有男孩们在小时候学到了这种处世态度[10]。（别人说女孩们学到的是世界是靠关爱运转的。[11]）很可能，男孩们比女孩们较早学到一点——除了运气和天赋之外——其实成功需要千万不要在意别人对自己第一次失败的看法。哲学家杜威的所有年轻追随者们认为，经验是最好的老师。他们必须得一遍遍尝试。比赛在继续，队伍不能等。后来，有一点让在等待学生答案的老师们如释重负（却令他们未来的妻子感到惊愕）：许多男生不怎么在意不完美的社会影响。

路易斯(Louise)：嗯,或许,我觉得或许因为男生不会因提问而感到尴尬,而女生则会担心。她们会想：如果我这样说,有人会嘲笑我；或者,你知道,如果我问那个问题,别人会认为我笨……我认为女生在这方面更腼腆一些。(在德语课上)几乎刚开始的半年时间里,我几乎没开口说过什么,因为我担心如果开口,可能我的答案是错的。因为有一些老师,如果你回答错了,他们会在课堂上让你反复操练。所以,有时候(我)有点害怕,不敢回答问题。在德语课上,我也不敢承认某处没听懂。(老师会说)我之前讲过十几遍了,难道你没有听?

女生们更有可能和男生们作比较,得出不利于自己的结论("我觉得男生们更聪明,或者可能我不够聪明")。有些女生竟然认为老师们也认可这种消极的性别比较论断("如果我问一个问题,老师会说：'哦,你是金发女郎,你心不在焉——当然你搞不懂'")。我本人做了很长时间的女学生(也是一个女儿的母亲),我发现女生们在课堂上不吱声,认为自己就该默不作声才对[12],这一点让我十分沮丧("大家都知道我不是一个聪明的学生,尽管我的成绩上了B级优等生名单")。总是女生抱歉地对我说她自己的某门功课很好,好像提及成功的字眼会让我降低对她们的评价,这一点令人费解。

很多文献表明,课堂上男生的声音占据主导地位,这一点每天都得到了验证。老师们说他们不会有性别歧视,但是数据实实在在地表明了事实。[13]在我调查过的学校里,绝大多数(65%)必修课程的老师都是男老师。男性老师比例的居高不下或许促使男生在课堂上更主动地发言——却令女学生感到不舒服[14]("女生们变得更加胆小,因为许多老师令人害怕。D老师会毫不考虑女生的感受,把女生批得一无是处"。)。

凯(Kay):我的化学课……是大学预科课程。嗯,老师认为女生们不应该来上这种高级课程,他不认为女生们能学会那些内容?至少……我们班上所有的女生得出了这样的结论……他发科学奖,三个奖全都给了男生!没有女生。你知道,如果女生问他一个问题,(他会说)这个啊,正确答案在这儿,你看看吧。如果男生问他问题,他会花费35分钟的时间来解释,哪怕是一个简单的判断题。有一些老师(就是认为)……女生们不应该来上这门课,因此"我就不去理会她们,随她们去吧"。

甚至女生们的天然同盟——女老师们也可能更喜欢课堂上男生多一些("她是一个好老师,但她更喜欢男生。我已经和几位学校辅导员谈过,他们说对啊,的确那样,R 老师更喜欢男生一些。")。甚至一些学校的辅导员对女生也充满偏见[15],尽管我们原本推测因为受过相应的培训,他们对性别歧视应该很敏感,不会这样。

贝芙(Bev):这么说吧,我9年级的手工艺课老师(歧视女生),直到他意识到我比班里一半的男生都聪明为止。我的意思是,大多数男生(都需要老师告诉他们):拿起笔来,把姓名写在纸上。他们通常都会呆坐在那里,5分钟之后才考虑该做什么,因为他们根本心不在焉。我们班有一半的同学明年要上大学预科课程,但是……辅导员问我:"你肯定能应付那些课程吗?"我回答道……我可以的。相信我,我知道我能应付什么样的课程。他在想我可能会忙于应付交男朋友而顾不上功课。不错,男友是我人生的一部分,但比起我的教育来,他们就靠边站了。

曾经，女生上工业技术课是非同寻常的事儿。利兹为她可以上制图课而兴奋，她能听懂制图课，可以顺利通过——不像在数学课上一直不及格。她觉得几何很容易，但告诉我："你天天去的那个代数课上，我学得不好。"这个制图班上有很多男生成绩不好，但他们却不时地取笑利兹，利兹还必须在和他们的斗争中保证自己的成绩。甚至连喜欢利兹、耐心帮助她度过情感困难的老师有时候也会取笑她。我们不明白为什么会这样？如果利兹是众多在制图课上找到成功的"重金属乐迷"之一，那她为何是唯一遭受讥讽的学生？

制图课，1月份

20张制图桌子面向一个方向，另外20张课桌朝另一个方向。这个教室很大，里面还有12台电脑。教室里很吵，老师提高嗓门以便所有人能听见。每个人拿着易拉罐快速进了教室。两周前P老师宣布了易拉罐不能带进教室的规定早已被学生抛到脑后了。几名看上去非传统型的学生说他们很喜欢这门课，因为老师非常"悠闲自在"。早上8:01，一个学生走进教室。老师挑起眉毛，似乎在问：你有什么借口？他对拖延的情况很严格，却不怎么介意学生们上课喝饮料。有的学生打开了他们的制图桌桌面的顶层抽屉，把易拉罐放进去；有人拿出一个塑料瓶，痛饮一口，盖上瓶盖，然后把瓶子放在底层抽屉里面，关上抽屉。金属抽屉的开关声此起彼伏。

老师：好了，现在测试第16章，大家到讲台拿试卷，然后回到自己的座位上答题。做完之后，上来取下一章的测试题。

测试的内容是正视图。坐在最后一排最后一个座位的学生和

总是考没有学过的——美国青少年的哀叹带给我们的反思

我一起走进教室的,他竟然在大冷天没有穿外套。此刻,他正在看一本《十七岁》(Seventeen)杂志,他根本就没在意老师说要学生去取试卷。利兹从教室第二排走到最后一排,和他一起看起了杂志,并讨论起他们正在看的内容。过了一会儿,老师提醒他:"你参加考试吗?"学生回答:"参加啊。"

老师:利兹,回到这儿来。

利兹:好。

她并没有立刻回去,而是看着杂志,对那个朋友又说了点什么,然后回到她位于前排的座位。在这个班上,老师要求学生们做什么,学生们总要等一会儿才做,但老师从不再次提醒他们。"重金属乐迷"肖恩(Sean)来晚了,借口是他没办法从自动售货机里取出他的汽水。他把试卷拿给老师,大声叹了一口气,我在教室后面都听到了。

老师(看了一遍肖恩的试卷):你不知道正视图里的其他要素吗?

肖恩:不懂。

老师(怀疑地笑了,指着试卷):你不知道那是什么?你不知道这是什么吗?

全班同学都听明白了:肖恩的试卷是空白的。最后,老师鼓励他回到自己的座位上,再多写些答案。利兹每隔5分钟就上去和老师说话,问老师有关试卷的问题。有一个男生的椅子很低,他够不着桌子,不在桌子上完成考试。

老师(过了一会儿):好了,谁还在写?

利兹(背靠椅子):我还在写。

老师:好了,既然还有人在答卷,那么大家安静些。你们应该思考。

利兹:思考对我来说太难了。

老师(摇摇头):严肃点。(然后对她的同桌说)汤姆(Tom),别帮她。

接着,利兹拿着试卷去找老师,询问更多关于考试的问题。利兹站在讲台旁边,老师在她的试卷上写着什么。几名学生说:"利兹作弊。"站在老师旁边的利兹说:"我没作弊。如果我作弊,那我早就做完了!"老师竟然笑了起来。他要离开教室去取东西。

老师:大家看着利兹,不要让她趁我不在的时候作弊。

学生们立刻大声喊道:"利兹在作弊!她在作弊!"

过了一会儿,老师回来了,收齐所有第16章和第17章的试卷。

老师:好了,昨天我给你们发了一张期末设计的试卷,谁没有拿到?

教室最后一排的一个"重金属乐迷"举起手来。老师走下来,给了他一张试卷。

男生甲(针对"重金属乐迷"说):他可能把试卷给吃了。

男生乙:学生不吃试卷。

利兹(对其中一人说):科特(Curt)(她的男朋友)过去常吃试卷。他过去吃小糖果的时候,常常连糖纸一起放到嘴里。

老师(没有理会这一切):你们来给我画一个2 000平方英尺的房子……我们在这儿画座房子,有时候不需要考虑预算。你们画的房子成本是35万到40万美元,没人会把它盖起来。给我画一个预算在这个范围内的2 000平方英尺的房子吧。

坐在教室后排的4个学生留着较长的头发,穿着阔腿裤,他们根本不听老师在说什么。其中1个在看杂志,另外3个连头都没抬。坐在他们3个前面的1个女生在卸眼妆,手里拿着一小瓶卸液和卸妆棉。老师继续详细解释如何画地板。"重金属乐迷"不停地将抽屉拉进拉出。老师在黑板上画了1个大长方形。

老师:我想看看大家在纸上画好的图形尺寸。

瑞恩(Ryan):好吧(似乎在说好,好,我们知道了)。

老师(挑起眉毛看着瑞恩,慢慢地说):瑞恩,我这样做是因为我会收到没有数字标记的试卷,不标明具体的房间。不是每位同学需要这样的说明,但是有一些同学的确需要。

过了一会儿,利兹走到教室后面,给我看她画的房子。她画的停车库在卧室的屋顶上。我说这样的设计很有趣。继而,她又去问老师车库放在屋顶怎么样。

瑞恩:利兹,闭上你的嘴。

利兹:你住嘴,瑞恩。我想说就要说。

刚才卸妆的女生和另一个女生对视了一下,似乎在说:我今天不化妆。利兹把《十七岁》杂志拿给我看,杂志上有她去年打折时买的一条裙子:一条紧身的红色西班牙舞裙,前面短,后面长。她担心自己穿不上这条裙子,因为她胖了不少。我问她:"毕业舞会什么时候举行?"利兹说:"4月份吧。我在莫里斯(Maurice)商场买到的这件裙子。希望别人没买相同的裙子。"下课铃响了,学生们冲出了教室。

这节课包含了诸多冲突元素,学生如果能在课上设计出房子模型,那简直就是奇迹。上课有人迟到,有人喝苏打饮料,有人在看杂志,有人在卸妆,有人谈论毕业舞会,有人大声吵闹("好,好"),有人在考虑舞会服饰("我希望别人没买相同的裙子")。学生们坐在教室里,却没有完全参与,心在别处。老师在讲课("细节……房子计划"),当然,还有无所不在的考试("谁还在写?")。课堂上,老师随时可能使班上本就很少的女生成为笑柄("不要让她趁我不在的时候作弊"),或者被老师嘲讽("思考对我来说太难了""别开玩笑")。在我看来,老师的那种态度近乎允许班里的男生贬低利兹的表现。而且,他们也的确这样做了("利兹,闭上你的嘴。")。班里的一些男生从来没有受到老师这样"和蔼"的关注,好像他们的非主流地位——看上去与众不同的样子——使他们得到温和的对待:至少他们待在课堂上,在学校里,而不是在校外做坏事。确实,学习能力有点问题,还在服用抗抑郁药物的利兹需要特别对待,然而她却是同学们消遣的对象。我们都想知道为什么一个女孩子会说出这样的话:"大家都知道我不是一个聪明的人。"然而,谁又对她说过不一样的话呢?

迷 惑

"我什么也听不懂。"

——珍娜(Jenna),11 年级

"事物之间的联系是理解的本质。"

——阿尔弗雷德·诺思·怀特海[16]

我曾经问过一位专门研究青少年行为的心理学家一个问题,如果他的病人有机会跟他们的老师坦诚以待,他们会说点什么。他不假思索地回答我:"他们会说'我不懂。我从来没听懂你讲的任何东西。'"实际上,很多学生都跟我讲过同样的话("我就是听不懂,这些东西我一点儿不懂")。困惑的学生们通常会请求他们的同学用简单的语言给予解释("我会请教坐在我前面的同学……我历史课上帮过他……他会直白地跟我解释")。

我想老师们以为学生们如果不提问,那么他就可以继续往下讲。而当看到试卷上出现的普遍错误时,老师又会有多么沮丧。我更乐意把问题讲清楚!可是,为什么学生们不问问题呢?我们都想知道课堂出了什么问题?为何学生提不出问题呢?这是教育遇到的最残酷的讽刺:最需要解释的学生却最不喜欢提问题("我从来没看到有人去问问题,从来没有。学生们宁可考试不及格,也不会问老师,宁可考砸了也不去问老师。")。一节课上,老师至少会问十几次"有问题吗?"但是,学生们一般不会回应["(老师会说)'我回答了你的问题吗?'(你的感觉是)'哦,没有',但你却说'是的,回答了'"]。实际上,我敢推断如果有学生回应老师的提问,那老师肯定在说与考试有关的事项。(询问考试要求或者期望是最安全的,事实上这可以让你成为英雄式的人物:所有班里害怕考试的同学都会为此向你投来感恩的一瞥。)在我们创造的学习环境下,青少年学生可没有勇气对老师脱口而出:停!请你别讲了!求求你!难道是老师们渐渐忘了自己在这个年龄段的情景?

蒂姆(Tim):他讲的我听不懂。我觉得他根本不明白自己在和一群高中生说话。我猜你会说,他非常非常聪明,但只是……他说的你根本听不懂。他人不错,但他让我们看一些很难懂的书。他喜欢的那些书(原文如此)采用的是完全不同的写作风格。那也是他的风格:他从书里面挑个话题,而你没读过,完全不知道他在讲什么。但是,他会滔滔不绝地一直讲下去。

学生们明确感到他们完全和老师想象的"听众"的水平不一样,年龄和身份都不一样("他把我们当大学生来教……他讲课的方式就像我们什么都知道似的。")。学生们承认他聪明,实际上他们也希望老师聪明("很显然,他读的书比我们多得多")。但是,他应该聪明地意识到面对教室里坐满着的 17 岁的学生和面对摄像头不是一回事,摄像头是不需要你和它互动的。诚然,许多学生承认他们一般不做作业,除非受到考试的威胁。在他们看来,社交活动与工作任务更加紧迫。所以不应责怪超负荷工作的老师持有有抱负的学生会做好自己的大部分功课(有学习障碍的学生会得到特殊教育老师的帮助)这样的想法。所以,老师只是在做好他的本职工作,如果有学生在这个过程中掉队,那是他们自己的过错或损失。

英语课,9 月份

老师(没有一丝讥讽的语调):克里夫学习指南并不能代替看书。

学生:考试的时候可以看克里夫学习指南吗?

老师:不行。这种想法很糟糕。我认为克里夫学习指南杂乱无章。

老师:[开始讨论小说《红字》(The Scarlet Letter)]我们第一节课先读第 1 章,然后再讨论。你们想做什么?

学生:先讨论。

老师:好吧,珍珠(Pearl)……你真棒……在你看来,什么叫自由精神……之所以这样命名,是因为她母亲为她付出了高昂的代价。她母亲知道她与众不同,她来自一个单亲家庭……你们年轻人要面对的一个难点是作家霍桑(Hawthorne)试图要重现清教徒的对话方式。让我们看第98页……她看着女儿的眼睛,好像看到了魔鬼。碰巧,霍桑在此塑造了这样一个母亲的形象:她不仅关心而且钟爱女儿。不是单纯因为女儿漂亮,而是因为她聪明,智力极高……契约仆人、早期的奴隶,没人知道,不过,有人深信早期的奴隶实际上是契约仆人……有一座都铎(Tudor)时代用灰泥和木头建成的华宅,拥有法式窗户和窗台……这在美国被认为是成功的标志,甚至在当代也是……使用锡制品是富人的象征,而大多数人使用木制品……德·托克维尔(de Tocqueville)……专政……如果你在美国是一个少数民族,那会怎么样呢?(没人回答)……(海丝特)唯一的激情……源自她在这些人中抱有一丝希望,换作其他情况之下,她也许不会抱任何希望……谁是珍珠的父亲?

吉恩(Gene)开始回答,但却说不清楚,其他人也解释不清楚。

老师(没有直接告诉学生答案):第7章有非常感人的一幕……充满爱与激情的一幕。

课堂上,学生们第一次抬起头来。

老师:你们在写这些章节总结的时候,写一写可以解释清楚这些方面的东西……我们开始讨论吧。

乔伊(Joy)和安妮(Annie)在睡觉。只有吉恩和杰西(Jesse)回答了问题。吉恩主动说出了他的答案,杰西是被老师点名回答问题的。"讨论"结束了,学生们开始看书。

老师(打断学生们):黑板上是今天的词汇表:"labyrinth"(迷宫)(老师说了两次这个单词,却没有解释它的意思)。

吉恩:那个孩子现在多大了?

老师:大约三岁。三年过去了。

一些学生在查字典。

吉恩（突然地问）：他们为什么在这本书中对人物描写这么多？

老师：因为描写的是心理活动。

吉恩看上去好像没听懂的样子。

老师（笑了）：你知道，如果我们想要描写你，我们得写好几卷才行！

吉恩：他们会说"一个多么了不起的家伙！"

学生们窃窃地笑起来。

女生：充其量也就是一句话吧。

两名学生起身离开去学习障碍学生教室求助章节摘要写作。吉恩从嘴里取下了牙套，盯着它看起来。

我们应该注意到，学生们要求讨论，但是只有在老师让他们选择讨论还是看书时，他们才有所回应，除此之外，什么回应都没有，只有吉恩例外——他问了一个事实问题。"讨论"变成了短暂的授课。为什么青少年们不想多多参与课堂讨论呢？难道是一些文学作品中的古文让学生们不喜欢吗（"我知道那是经典，但是对现代人没有吸引力"）？是因为学生听不懂老师使用的"晦涩词汇"（"labyrinth……indentured……imbued"）吗？抑或是成人的主导地位让学生们产生消极情绪？还是以上三种原因都有呢？如果选择哥特式（gothic）小说而不是美国传统文学，学生们的参与度是不是会好些呢？或许不会好。相比于年轻人喜欢的多姿多彩的文化而言，我们所有的教学任务都很有挑战性。对于这些青少年来说，艺术、人文作品肯定就像一桌持续时间长、老套的周日晚宴：菜肴丰盛，营养丰富——可谁有时间去品尝完每一道菜？有谁能说出每道菜口味上细微的区别呢？更别提说出每道菜的菜谱了。学生们理解老师们对文学的挚爱,毕竟他们都是四十多岁的人了。有一点他们不能理解:老师们错误地相信当代青少年应该会去看过去人的必读作品。

文学作品的学习是美学和道德的综合体验。不幸的是,对学生来讲,J老师的这堂55分钟的课像是学生的敌人,学生们举起盾牌来保护自己不被"侵害"。他们根本没有兴趣谈论这本小说,除非是与考试有关的问题("那个孩子现在多大了?")。虽然到现在的11年级,每个人大概都有过一个怀孕的同学[17],然而那个人人躲避的女主人公海丝特·白兰(Hester Prynne)和他们又有什么关系呢?

英语课,9月份

有人吹响了口香糖泡泡。J老师说他要改变上课流程,一上课(而不是临近下课时)就给学生时间看书。他问:"有多少学生已经读完了小说(明天是截止日期)?"没有人举手。一个学生说:"我知道某某(没来上课的学生)看完了。"

老师:霍桑(在《红字》中)说:"看看你周围。我们都是同样的人。"情况早已经改变,但是仍然有公开场合与私下里的区别……昨天没来上课的同学需要参加一次考试,昨天我们没有在这一章节上花任何时间……这节课你们有大约30分钟的时间补上。你们还有一大堆别的作业,很多同学已经落后了。因此,你们可以利用这个时间赶上。在这一章,海丝特第一次看着她孩子父亲的脸……波士顿……奇林华斯(Chillingsworth)选择了一种伪君子般的生活,他目的阴险,可以极随意地发泄私愤。海丝特活得很真实……这让她对人们的看法很敏锐。她能够感受到别人的痛苦……

蒂姆斯德尔(Dimmsdale)房间里的……大卫(David)和巴思西巴(Bethsheba)……通奸……霍桑希望你们知道生活在谎言中的人有他自己的一套对别人的看法。

学生们默然以对。

J老师让学生们开始阅读。虽然学生说他们没有看完小说,但他们甚至连书都不打开。乔希(Josh)不停地在课本上画线。克拉尔(Coral)睡得很死,她从不旷课,但总在课堂上睡觉。约翰旁边的女生在看一本小册子。还有一个男生,一手拿着小说《红字》,另一只手却在填写另一门课的活页练习题。女生警告一个男生别再玩钥匙了。过了一会儿,乔希也睡了。肖恩把铅笔在课桌上滚来滚去,安布尔(Amber)回过头去不满地看着他。满教室都可以听见滚铅笔的声音,但老师没有理会。安妮睡着了。乔伊没来上课。黑板上写着:星期五交章节摘要。

上面记录的这位老师受过良好教育,拥有文学硕士学位。他滔滔不绝,引经据典,词汇丰富,不停地解释小说的社会文化背景。然而,学生们却满口怨言,说老师让他们感到云里雾里的。即使老师没有使用华丽词汇讲解细节,难道搞懂小说内容本身对他们来说还不够难吗?

注释

[1] Dewey, John (1916b), Learning as Experiencing, in Vandenberg, D., ed. (1969), *Teaching and Learning*, Urbana: University of Illinois Press.

[2] "真正合格的老师尊重他们的学生,在教学中创造机会倾听他们的声音。"参见: Brookfield, S. D. (1990), *The Skillful Teacher*, San

Francisco: Jossey-Bass, p. 164。

[3] Henry, Jules(1963), *Culture Against Man*, NY: Vintage Books, p. 159.

[4] "学生真正想要的老师是这样子的:老师认可他们,听他们倾诉,并且能够尊重学生们的努力。教室是一个允许展示个性的地方,在那里学生们不管在学术上,还是个人问题方面都可以充分表达个人观点。"参见: Phelan, Patricia, Ann Locke Davidson and Hanh Thanh Cao(1992), Speaking Up: Students' Perspectives on School, *Phi Delta Kappan*, 73(9), p. 696。

[5] 在针对学校开设小班授课以便充分关注每位学生的程度的调查中,46%的学生给了很低的分数。来源:Shell Poll(1999)。

[6] "大部分课都是由机器人来上的。所谓的老师们大多数时候是对学生们漠不关心的,他们只关心在给定的50分钟内,学生们可以完成他们备好的笔记内容……我感觉在学校没有自由,不开心。"参见: Gilbert, Robert N. and Mike Robins(1998), *Welcome to Our World: Realities of High School Students*, Thousand Oaks: Corwin Press, p. 49。

[7] "我听到过的所有事情中,好老师有一个特点:教学工作中重视学生的个体特点。比如一个学生告诉我'当A女老师给我们上课时,她关心我们在想什么'或者'B男老师对他的课有那么大的热情'……不好的老师会将自己的话语体现在表情上,就像卡通里面的人物在对话"。参见: Palmer, Parker(1998), *The Courage to Teach: Exploring the Inner Landscape of a Teacher's Life*, San Francisco: Jossey-Bass, p. 10。

[8] Bateson, Mary Catherine(1990), *Composing a Life*, NY: Plume Books, p. 37.

[9] "听觉和触觉,人的感觉主要依靠左半脑,这在女孩身上发育得早,而理解空间信息的能力主要依靠右半脑,这在男孩身上发育得早。"参见: Sousa, D. A. (2001), *How the Brain Learns*. Thousand Oaks: Corwin

Press,p.175。Sousa 也提到 6~12 岁之间的男孩们通常花在室外活动上的时间要多些。时间和空间比起来,他们更依赖空间,为此他们倾向于自己设计游戏,在这个过程中他们较多使用视觉而不是口头表达,对语言的依赖比较少。

[10] Garbarino, James (1999), *Lost Boys*: *Why Our Sons Turn Violent and What We Can Do to Save Them*, NY: Free Press.

[11] Gilligan, Carol (1982), *In a Different Voice*: *Psychological Theory and Female Development*, Cambridge: Harvard University Press.

[12] 甚至成绩很好的女生进入大学后,会放弃她们长久以来的雄心壮志,即进入一个传统上被男性统治的领域工作。参见:Hoolan, Dorothy and Margaret Eisenhart (1900), *Educated in Romance*: *Women, Achievement and College Culture*, Chicago: University of Chicago Press。

[13] 参见:American Association of University Women (1989), *Equitable Treatment of Girls and Boys in a Classroom*。

[14] Myra 与 David Sadker (1994) 认为标准化的测试主要是为男人们设计的,从而导致女性人口在校园和事业上都被忽视,而这种微妙的过程和明显的性别歧视便发生在我们的课堂上。参见:*Falling at Fairness*: *How Our Schools Cheat Girls*, NY: Simon and Schuster。

[15] 校园环境并没有为一个女孩提供探寻她自己地位的机会,因此学校推行白人男性占主导地位的做法。参见:Weis, Lois (1900), *Working Class Without Work*: *High School Students in a De-Industrialized Society*, NY: Routledge。

[16] Whitehead, Alfred North (1938), *Modes of Thought*, NY: Free Press, p.32.

[17] 据报道,在 1997 年的前三个月里,33%的北达科他州 11 年级在读男生(全国数据为 33%)和 39%的北达科他州 11 年级在读女生(全国数据

为36%)有过性行为。其中,17%的人没有使用避孕手段。1997年,北达科他州(总人口为642 200人)有946名青少年怀孕,并且有759名青少年在12~19岁时生下了孩子。来源:North Dakota Risks Behavior Survey, N. D. Department of Public Instruction, 1997。北达科他州的15~17岁青少年生育率(每千名女性的生育率)在全美国排名第二位。来源:Kids Count Data Book, 2000。

第五章 校园假象

在"我们这个年龄,没有几个人喜欢学习。我们很叛逆,学校很无聊。"

——詹妮弗(Jennifer),11年级

"教育的目的是培养有文化的(人),即培养人们接受美与人文思想的能力。"

——阿尔弗雷德·诺思·怀特海[1]

在技能为主、绩效主导的时代,怀特海的教育目的论看上去很荒谬,甚至一无是处。当今社会,一个人是否可以在事业上平步青云,取决于他掌握技能的熟练程度,而不是取决于他接受美的能力。让我们看看现实:你可能具有很强的审美能力和人文思想,但是如果没有其他"补救"的技能,在社会上就会被认定为一个失败者。怀特海的教育目的关乎价值观或原则的培养,而现代公立学校的架构却是以动力为核心。以下是朱尔斯·亨利关于二者的差异的论述:

从根本上讲,我所说的价值观和动力是不一样的,只是因为这两者有语义特征的重合,我们才感觉它们是相似的而容易混淆。如果将竞争与温文尔雅的风度统称为"价值观"的话,就如同将它们统称为"动力"一样令人不解。动力使我们盲目地膨胀,无限蔓延,以至于发展成摧毁一切的竞争力;价值观则恰恰相反。动力属

于职业范畴,价值观属于亲密的家庭与友情范畴。动力推动商业繁荣、军事武装升级以及社会文化的方方面面,如:出人头地、超越他人、在竞争中求生存等等。在这些领域,价值观在很大程度上充当着动力的制动系统。尽管职业界(occupational world)总体上与价值观相对立,但若没有价值观,职业界就无法运转。利用价值观做面纱,职业界才可能隐藏其真实的动机[2]。

如果我们用"学校"一词代替"职业界"这个词,那么我们就会逐渐明白为什么在学校里学生与课程相互对立了。动力使学校充满喧嚣与活力,不断进步、名列前茅、成绩优异是学校的功效——但是,这是由成人设计好的格局。课程本身就是原动力:这门课程或者那篇文章如何才能使学生们在职业与政治世界的争斗中生存下来——而不是这门课程或者那篇文章怎样才能使学生们接受人文思想。作为"动力",课程的实施在一点点地向前推进。如同国家危机中庞大的联邦官僚机构,中学课程设计靠其本身巨大的重力向前推进。课程的确越发沉重:20世纪50年代,一所拥有1 000名在校生规模的中西部高中的平均课程数量为22门[3]。到了20世纪90年代,在同等规模的学校里,课程数量在原来的基础上增加到200[4]多门。目前,"代数Ⅱ"课程中增加了"儿童保育"内容,"美国文学"课程中补充了"驾驶员培训"内容,似乎只有这样包罗万象,学校才可以满足新时代的需求。所有这一切都体现了美国文化、政治以及教育的宗旨,即永远不能(也不要试图)穷尽选择项。因此,每周课程表上可选的课程数量一直在无情地增加,就像衣柜里面的衣架数量不断增加一样。一些人喜欢把增长的课程单作为教育发展的证据。然而,教育真正的发展应该包括额外花时间完善课程设置,将这些新课程进行整合;同等重要的是致力于提高课堂教学质量。

有人问莱特兄弟(Wright brother)(飞机发明者)为什么他的新飞行器没有掉下来。他解释说:"因为没有足够长的时间允许它掉下来。"课程设置也是如此,它之所以没有"坠毁",是因为学校日常活动所产生的动能使它可以在硕大破旧的翅膀下仍能保持一点点上升力。时钟永不会停止脚步,学校的一天紧张繁忙。老师和学生本应该共同设计课程,但他们都无法在上完一整天课后还有精力停下来反思课程的利弊。况且,师生共同设计课程必然夺走课程项目组的生意(学校利用暑假时间和部分老师签订独立的合同来调整课程设置,那时不会有太多事情干扰)。与此同时,开学之后,课程单加长了,家长们坚持要孩子多学几门课,世界也期待着他们多学几门。学校急于让所有的学生为上大学或就业做好准备,但是这项任务的完成情况已呈下滑趋势(借用商业术语):学生们在他们漫长、昂贵的教育生涯中找不到个人的价值和人生的意义。

价值观与动力不同。可以这么说:价值观是老师和学生们自己带到学校来的。价值观是感受生活的意义,可以充当动力的制动系统。因此,(学校的)老师和学生的目的与普通大众不同:大众看重的是竞争力,而学生和老师看重的是合作精神;大众认同标准化考试,而学生和老师倾向于个性化测评;家长鼓励孩子独立,而孩子热衷于群体的亚文化。["群体"习惯是导致父母与青少年之间矛盾的主要原因。难道不是每一代人都听到过这句话么:"如果你所有的朋友都从布鲁克林大桥(Brooklyn Bridge)跳下去了,你也会跟着跳下去吗?"是什么让父母认为孩子们想这样做啊?]

如果动力驱使我们进行太空探索的话,那么价值观则促使人们在工作中通过合作完成任务。朱尔斯·亨利说得对:我们既需要动力,也需要价值观。遗憾的是,那些在学校教育中寻求二者平衡者常常被认为过于懦弱或者过于敏感。

随着时间的推移,人们尊重人文思想的微小行为会在积极的学校文化中得以升华。举例来说,对于课堂上调皮的学生,老师可能会把他叫到楼道里谈话,而不是当着大家的面训斥他;老师在布置课程作业的时候会首先考虑其他课程的作业量("你们已经有很多其他作业了,很多人的阅读进度已经落后了。所以,你们可以利用这个时间赶上进度")。日复一日,仅仅通过耐心地对待各种性格的学生,老师就用自己的行动教会学生们如何尊重他人。但是,在一般学校中,当成千上万的学生在拥挤的大厅按照密密麻麻的课程表上课时,没人会谈论人文思想。(繁忙拥挤的景象是这样的:我去观察课堂教学的那年是我有生以来第一次不得不迅速在排队喝水与去洗手间之间作出选择。既然这些学校的老师们严格强调准时,那么每节课之间的 5 分钟休息时间是不允许你同时做到两件事儿的,尤其当下一节课还在另一楼层上的时候,那就更不可能了。)

下面描述的课堂上,一位男老师小心翼翼地协助两位黑人学生融入清一色的白人课堂里,巧妙地处理了种族问题。这个班有自己的动力,即在学校完成作业,这样学生就没必要把作业带回家了。不过,经验丰富的老师巧妙地促进白人和黑人学生之间的合作(体现了一种价值观),而他的年轻学生助教则教导学生开展小组合作(也是价值观的体现)。通常,道德教育总是通过无声的示范得以实现,这就是怀特海的人文思想。

数学课,2 月份

教室里没有什么装饰物,很像大学的教室。布告栏上有一个泛黄的安·兰德丝(Ann Landers)专栏,上面写道:"迎难而上"。旁边是艾萨克·牛顿(Isaac Newton)和我从没听说过的卡尔·弗里德里克·高斯(Carl Frederick Gauss)的生平简介。午饭的菜单以及消防演习程序也贴在上面。每面墙上都贴着张日历:一大张州教育协会日历,标出了从8月到次年8月整整12个月的校历;标明2月到3月的学校活动的校历;还有一份小的体育日历。另外,布告栏上还有一大串截止日期,在每个日期旁边贴着数学课的章节名称(每个老师有自己的教室,学生到课程老师的教室去上课——译者注)。几乎墙上所有的东西都提醒着学生时间在流逝。这一年,严肃而敏感的S老师(Mr.S)就要退休了。

在布告栏上,W老师写道:"人非圣贤,孰能无过。可如果橡皮在铅笔用完之前就用光的话,错误就过多了。"我的课桌上方墙上有个壁柜,这个壁柜不是正对着讲台,上面有不少灰尘,可见很少用。课桌上摆着一个蓝绿相间的大地球仪。后来,我跟老师说,这个地球仪是一个生态良好的地球啊,把那位老师逗乐了。原来,这个地球仪是他用来演示几何学的。一张桌子上有大约20个信箱格子,但里面一封信都没有。教室里所有的课桌都面朝前方,黑板上通常都写满了东西。班里有18名学生,其中有7名女生,11名男生,分散着坐在教室里,还有11个空座位。教室里有一台落地扇,这在2月份似乎不合时宜,但是教室里确实很热。有着40多年经验的实习指导老师坐在我后面;实习老师根本看不到他,班里的学生们也看不到。那位实习老师开始讲课。最近,她看上去很疲倦。她晚上在酒吧兼职做服务生,赚钱供自己上学。这位实习指导老师和她的大学导师都建议她要减少工作时间,否则她会累垮的。实习指导老师理解她的经济压力,表示很同情。他对我说:

"你知道,教书不仅仅让你在身体上疲惫不堪,也会让你在精神上殚精竭虑。"

她给学生们布置的第一道作业题是求"a"的解,要求把解题的过程写下来。这道作业题花了大约10分钟的时间。一些学生觉得这道题很难。一个女生问旁边的男生:"你怎么求解的?"男生摇摇头,耸耸肩说:"你求出来的话,告诉我一下。"

实习老师:可以两人或三人组成一组,如果是奇数,则三个人一组。这样这样解题,不要把(题解)分成太多步骤。小组成员要分工,每个人做一部分。可以把座椅转过来(或)搬到一起坐,方便做题就好。

男生:我们必须得把它作为(家庭)作业吗?

实习老师:不是,如果你课堂上做完了,就不需要再作为家庭作业。

教室的一个角落里,一名黑人学生站了起来。他看上去犹豫不决的样子,似乎在说:"我该去哪儿?"他旁边的其他人已经结好对子了。实习指导老师从我身后突然站起来,悄悄地快步走到教室中间,拎起一张课桌,搬到一个没有结对的白人男生的前面。W老师招呼黑人男生过去,用手拍了拍他的肩膀,和蔼地说:"坐这儿吧。"黑人男生面无表情地走过去坐了下来。白人男生从头至尾都没有抬头看一下。足足5分钟,这两个学生互不理睬,也不讲话,各自做着这道题。黑人学生不断地在写。白人男生抬起头来看——看着黑人男生的笔记本,而不是他的脸。实习老师在班里走来走去,经过这一对"合作"的学生身旁时,她轻轻地问道:"你们还好吧?"这两位学生异口同声地回答:"很好。"实习老师继续在班里走动,并不时地弯下腰来帮助那些求助的学生。有时,老师很谦卑,她双膝着地,跪在学生课桌旁边指导他们。学生们有的并排坐着,还有的面对面坐着,从对面倒着看同伴写的东西。几分钟过后,白人男生对黑人男生说了句什么,黑人男生咧嘴笑了,接下来他们聊了一小会儿,眼睛看着对方的题解。

过了一会儿,有位黑人女生走进了教室,迟到的原因是她刚才去办公室了,她是本学年中期转学到这个班级的。看到这个学生进来,实习指导老师立即奔过去,热情地和她打招呼,好像每天都发生这样的事情似的。W老师说:"我们把你和这两名女生分到了一组。"接着,他礼貌地问学习拔尖的全A学生苔丝(Tess)和她的同伴(都是白人):"介意她加入你们组吗?"两个女生都没有抬头,不过她们异口同声答道:"可以,我们不介意。"W老师又一次轻而易举地把一张桌子搬到了那两个女生对面,于是,两名白人女生面对一名黑人女生组成了一组。W老师就走开了。过了几分钟,将来想要当老师的苔丝对新来的同学友好地说道:"来,把椅子转过来坐,这样你就能看到我们如何解题了。"

在学校的一天中,类似于这样的课堂会有短暂的几个时刻真实体现了人文思想,这一点甚至连一个陌生人也能觉察到。经验丰富的实习指导老师和实习老师不仅对教材很负责,对学生也很负责。(实习老师的确还需要努力学习进步。虽然学生积极参与两人小组学习活动,但是所有学生都理解她讲的内容。)新、老教师明白学生积极参与的重要性,让学生互相合作,并确保他们互相学习。他们给学生做出了示范:真正地了解他人,真正地接受他人。我所考察的三所学校中常见的是不真实、没有本真的瞬间——或更准确地说是完全没有本真的课堂——没有本真是因为许多老师和学生之间似乎没有真实的、真正的联系。有多少中学老师注意

总是考没有学过的——美国青少年的哀叹带给我们的反思

到学生们在课堂上并不专心听讲?又有多少中学生在乎老师在努力上课?老师和学生似乎都忠于各自的角色,即各自都在做自己应该做的事情。但实际上,他们都没有完全投入自己的角色。师生之间的"合作"产生了所谓的"课堂",但他们实际上并没有真正合为一体。有人曾经说过:我们生活在世界中的世界。他描述的完全适用于教师世界中的青少年世界,就是类似于俄罗斯套娃的学校生活吧。他们共处一处,但是互不相连。再次提一下,认为教育这个年龄阶段的学生会徒劳无功的思想让我很震惊:有些老师认为学生的脑海里装满了别的东西,就像闪烁的霓虹灯一样光怪陆离。所有的老师都在竭尽全力讲授一堂课,通常无甚成效,而与此同时,学生们在不折不扣地专注于完成他们自己不断变化的日程安排,有时候只是互相分享消息("她拥抱我的肖恩了")、阅读的东西("一个关于有两个上身但只有一双腿的连体人的故事")或者个人计划("我要参加三个啤酒聚会")。每节课上,我都看到老师在讲课的时候,学生们在聊天["我知道是谁在草丘的后面——是艾维斯(Elvis)"]。他们常常有一些(在老师们看来)奇异的行为:把笔插进电源插座;用瓶装水喷湿橡皮玩具或者把它含在嘴里弄湿,然后粘在钟上。他们违规喝汽水;在课桌上滚动铅笔;摆弄钥匙发出叮当声;毫无声响地猛击别人肩膀;偷吃零食;玩弄头发,一会儿编辫子,一会儿把辫子散开;卸妆、补妆;在手提袋里翻找一张旧纸条;藏起教室里的录像机遥控器;做其他课程的作业;暗算竞争对手;一边盯着书本,一边幻想着自己的女友或男友——尽管知道老师说的是哪一页,却不知道是哪一题。有时候,老师要求在课堂上保持绝对安静,他们就抓紧时间在上课铃响之前赶快分享新闻趣事。如果谈论很戏剧化的事情——有一天,一个女生对刚进教室的同桌说:"她冲我叫喊,(说)我和她男朋友上床了。我没有和他上床。简直是个泼妇!"——在我看来,不管是讲故事的还是听故事的学生(抑或是偷听者),他们之后都无法把注意力集中在课堂上。难怪老师迫不得已宣布要考试,这样一下子就把他们的注意力吸引回来了。

可以这么说,为了应付学校里这么多"无关"信息的狂轰滥炸,这个学生认为,她除了老师的课程之外,需要一个别的东西使自己振作。比如,一件生动有趣的事情、一种真正的幽默感、一段可靠的男女关系。我们常常会说年轻学生:"他们有任务。不是老师布置的任务,而是他们自己的任务。"青少年的任务就是要在成长过程中活出个样儿。这个任务涉及很多方面,仅凭成绩优异是远远不够的,还需要在社交方面的成功。为此,学生需要提升自己的情商,而这是课程本身提供不了的。与同龄人相处,就会学到这种与人交往的能力。最终,会出现鲜明对比的一幕:新生们张大双眼,神情紧张、优柔寡断;老生们则心神平静、泰然自若,见多识广。渐渐地,老生们会脱掉没有安全感的斗篷,随着时间的推移,他们可以越来越轻松地驾驭高中生活。

小学老师知道教学中要时不时地给孩子们机会让他们释放自己旺盛的能量,并且要考虑孩子们的个人兴趣。这也是小学老师接受的师范教育的一部分。课程需要让孩子们积极参与,并且所教的内容必须要建立在和他们已有的知识相联系的基础上(并且,孩子们要有足够的放松时间)。到了高中,师生之间似乎较少考虑彼此了("9 年级时老师还做解释,而现在他们就认为我们什么都能自己搞明白")。彼此无视对方真实存在的一个例证就是课堂上学生和老师好像使用的是完全不同的电码,而电码的变换突然且频

总是考没有学过的——美国青少年的哀叹带给我们的反思

繁["（我男朋友）总是说：'哦哇哇哇哇哇，我爱爱爱爱爱你……S老师这个考试共有几道题？'"]。师生不仅谈论的话题和语调不同，连讲话的节奏也不同。这种差异不能简单地归结为他们的年龄或教育背景不同，他们谈论的东西本身就不同。他们不同的声音组成了课堂这个大合唱。当老师在忠实地教授抽象的概念或协助学生构建知识时，突然间学生会说些和课程离题万里、牛头不对马嘴的东西。这就像在秋季开学的第一天，放学后家长领着一个5岁的孩子缓慢地走在回家的路上，家长说"在这个拐角处，我们应该看看路的两边有没有车辆"，而孩子的应答是"哇，路上的叶子在互相追赶"。一方有沉重的一课要教，而另一方则沉浸在自己轻松欢快的世界里。怀特海把这称作"坚持在场"。新的一课必须反复地重现才会有成效。青少年会让老师的信息进入他们自己坚持在场的舞台吗？一些课程比其他课程好些。我发现数学、科学、商务这些课程不容易让学生对课程要求产生误解，每个人似乎都明白课堂上他们需要掌握的内容是什么。教学通常会温习必要的旧内容，然后再学习新的内容，螺旋式上升。这些课上学生的注意力略好一些，可能是因为传统的怕落后的思想吧["（化学课上）我们开始建筑新的知识（在学过的知识基础上），这里的'建筑'是另外的意思啊？"]。如果考试不及格，诚实的学生会知道自己是有责任的，没有好好学习。不论数学和科学课学得怎样，学生都很少表达"狡猾的老师是成心整我们"这样的担忧。另外，他们对老师"满堂灌"式教学的抵触情绪也不大。如果说这种课堂上老师传递信息的方式还有一点儿价值的话，有可能是因为所有学生都明确知道考评的方式吧。老师对学生课业的期待是清晰明确的：把作业记在日历本上，注明交作业的日期，写作业，交作业，温习，参加测试。

这些课程的课堂看起来很沉闷，如果和此书表达的主题相一致的话，那就是感觉很沉闷，但是教授的内容正如课上提醒的一样，学生知道之后考试时他们必须懂这些内容。总之，只要上课用点儿心，他们对自己应该做什么是不会困惑的。

在人文学科课堂上，情况就不同了。例如，课堂上老师在讲解《蓝水上的黄筏》(*A Yellow Raft in Blue Water*)[5]中关于"世界末日"的一个很重要的隐喻，可是，他一停下来，学生就迫不及待地想知道在做活页练习题的时候是否需要写出每一种喻体。老师刚说出一个想法，学生们就会问具体的操作细节。一年里，我坐在课堂里心里会想着：哇，老师讲的可是梅尔维尔（Melville）、霍桑（Hawthorne）或菲茨杰拉德（Fitzgerald）最精华的东西。然而，整个课堂却是一片沉寂。老师就像一座正在建造的桥梁，学生可以远观，却没有兴趣走过去。爱尔兰人会说一个话题"迷人"而"无趣"。但是，在学生们眼里，老师的话题连"迷人"都算不上。课堂上"迷人"的是"我没有和他上床"这类的话题。黛西·布坎南（Daisy Buchanan）和杰伊·盖茨比（Jay Gatsby）？如果艺术仅仅是模仿生活，谁还需要艺术啊？

对于我这个课堂观摩者来说，就像是看着班上的每个人都在随着自己脑海中长长的音乐在舞池中无声地跳舞一样。老师的脑海中是节奏缓和的华尔兹音乐，而22名青少年的脑海中则是快节奏的嘻哈音乐。他们彼此听不到对方脑海中的音乐。因为他们双方都很有礼貌，都不愿意指出对方的节奏和自己的不合拍（当然也不知道该说谁对谁错），所以他们都假装是在跟随着相同的曲调起舞。而且大多数家长也喜欢这种伪装，如今他们不鼓励孩子们与老师唱反调（即使他们自己曾经叛逆过），也许因为他们听厌了孩

总是考没有学过的——美国青少年的哀叹带给我们的反思

子们对老师诸如此类的抱怨:这个老师令人崩溃,那个老师太枯燥。在这些学校里已经有足够多的奇迹发生,令人开心(尽管通常出现在课外活动中),以至于家长们很看重学校积极的一面,他们会常说:上这么好的学校应该知足。然而,不久,你就会遇到真正令人崩溃的事情。

人们的行为表现让人觉得学校教育中的某些东西看上去真实,而实际上却没有足够的证据。朱尔斯·亨利把这种现象叫作普遍性伪装或"普遍性假象"[6]。在他看来,人类天生就是伪君子:当她明明不喜欢一件事情的时候,却装作喜欢的样子,例如微笑着向自己的冤家仇人打招呼;或假装相信自己根本不相信的事情,例如为了改善社交生活而购买某一种品牌的牙膏,实际上他比谁都明白这无济于事。如果在家庭中这种伪装病态般地传染开来,会对家庭成员的身心健康产生负面影响。比如,在别人面前装作很爱孩子,但在家却不给孩子东西吃,这就是病态行为。在学校中这种伪装病态般地传播开来,就会抑制真正的学习,而真正的学习才是教育的目的。通过一年里近距离的观察和多次采访,我注意到学校存在两种普遍性假象:一是学生们表现得好像老师是他们的敌人(实际上并不是);二是所有人表现得好像课程是学校教育最重要的部分(实际上也不是)。

教师是学生的天敌[7]

"我认为学生能取得优异成绩,除学生自身的兴趣之外,老师至少起到 40%~50% 的作用。"

卡尔森(Carson),11 年级

"怀特海是一位特别完美的老师。"

——伯特兰·罗素(Bertrand Russell)[8]

我们这些当老师的没有多少人能得到数学家罗素对其导师——哲学家怀特海的这般高度评价。怀特海能够一直关注他那天资聪颖的学生,因为他的课程是严格的一对一式辅导。在他们跨世纪的合作中,两位天才师生思想家用小推车给出版社送去了他们独具创意的研讨稿。[9] 80年以后,一个美国青少年对我这样描述怀特海的教学风格:"(一个好老师)会给你提出很有挑战性的问题,但在你需要的时候,他会坐下来对你进行一对一的辅导。" 12年的学校生活把学生培养成了教学法评论行家:他们在学校里要上15 000个小时的课,渐渐地提高自己鉴别教学法好坏的品位,一直到他们离开学校那天为止。至少他们懂得如何观察老师,就如同他们懂得如何欣赏电视节目一样,而且他们懂的足够多。虽然从来没有去大学听过有关模仿与转化式教学法的区别[10],学生们却可以轻而易举地说出各种教师的教学风格的相对优缺点。在大学的教师教育入门课上,如果我们问好的教学方法有什么特点,不到三秒钟热烈的讨论就能开始。这些教育系的学生们亲身经历了一切,见证了所有的教学过程,他们知道如何鉴别教学方法的优劣。虽然很多学生通常会因为钦佩某位教师而选择教育这一行业,但有学生却声称因为自己的中学老师太逊色才决心去中学教书,这一点让我们大吃一惊。他们说自己热爱一门专业课,就想以正确的方式去教这门课。在学生眼里,能以"正确"方式教学的老师很少,"正确"一般介于"好"与"优秀"的教学方式之间。

好老师是一个口齿清楚、富有耐心的沟通者("你不会想睡觉")。他不只是用那些生僻的词汇,而是"用日常的简单语言讲解,清楚明了"。好老师"会在课堂上插入一些小故事"。一位深受学生喜爱的数学老师会努力把"艰深的"数学课和日常生活相联系,把课讲得生动有趣("他会告诉学生曾经如何应用微积分解决农耕问题,计算给喷雾器选择一个多大角度的位置……他讲这些例子的时候,真的很酷")。好老师也很公正,他不会通过比较学生之间的表现来评价每个人,而是根据每个人的进步评价学生。学生们没有谈到标准参照评价和常模参照评价[11]的相对优点,但他们确实欣赏老师试图从学生的角度来理解他们。

  劳拉(Laura):我今年的英语课老师是C老师。她的要求很严格,但是我很喜欢她。我的意思是,这门课很有趣。明天我们要交一篇800字的文章。就是说,一晚上的时间我们需要写完作文,但她就是会整整一星期不留任何作业,接着就是这篇需要一晚上完成的文章。我喜欢她……她对我们一视同仁。她不是按照泛化的标准给我们打分。她了解我们,知道每个学生会有什么样的进步。她很公平。(暗示我们)可以做得更好。她真的很不错。她观察每一个学生,观察每个学生擅长什么。我的语法不好,但是我擅长写作,而且写得相当不错。比如,我的文章中找不出动词等,但我就是能写。她真的很公正。

  一位优秀的老师具备好老师的一切素质(讲话条理清晰、公平公正),但也是一名严格的老师,就是说,他的标准很高("他对我们的期望值很高,还让我们自己上讲台讲课")。学生们会抱怨老师的要求太高(尤其是作业方面),但他们很感谢老师对学生提出要求。学生在课堂上睡觉,如果老师不理会的话,学生们会嘲笑老师

("她不尊重我们,我们也不尊重她")。优秀的老师绝不允许学生在课堂上睡觉("她会提一些相对比较难的问题,让我们思考后回答")。实际上,优秀的老师会制定具体的规则["他对我说:'杰里(Jerry),你没有好好做作业,如果你这个星期不把所有的作业都做完的话,我就把你撵出我的课堂。'所以,我认为他是在激励我,而我真的做完了所有的功课"]。

学生会反对老师的严格要求,但他们明白那是为了他们好。他们宁可要一位要求严格、密切关注学生的老师,也不要一个性格随和、对学生置之不理的老师("他会想方设法让懒惰的学生努力学习")。绝对没有任何东西可以替代真诚的关心,即使这种真诚的关心需要你付出努力("她想要学生们做得好,为此就不觉得她的要求高了")。优秀的老师也会让学生在课堂上出洋相,但不会让学生感到尴尬("任何时候你都可以提问")。

罗斯(Ross):说到科学课,M老师是去年我们高二年级的生物课老师。他很棒。绝对棒,非常好的老师。因为他确实很严格,他会激励你。哦!我的意思是我们会有满分175分的考试。那很正常,一年有几次这样的考试。不过挺好的。你知道,我不擅长考试,但是这种考试很有意思。而且,我们都学到了东西!课上他会讲这些题目,我们也会做笔记。

采访者:真的吗?但是你说过,他让你们学得很辛苦。

罗斯:是啊。他真的很严格。学生们抱怨为什么要有这种大考试时,他不会妥协。为什么要有大考试?因为我们看了200张关于鸟的幻灯片,就得测试一下吧。他会从中选出50张幻灯片,贴在那里。我们不得不学习!他会打乱顺序,贴在那儿,问我们:这是什么种类的鸟?我们有类似这样的考试。关于鱼类、野生动物等所有动植物的考试。

采访者：你们发牢骚的时候，他会不会让步？

罗斯：不会。他就是让我们考试！我很高兴他那样考我们。

采访者：他的言行举止不像是你们的好朋友，你们不介意吗？

罗斯：对，不介意。他有时候像我们的好朋友，有时候不像。和他聊天很开心。他认真地听我们讲。真正地听我们讲。如果我们遇到什么问题，跟他说说会很好。他会坐在那儿听你讲，而且会帮你出主意，解决问题。什么问题都可以和他说。他真的是……我和他不是特别特别亲近的那种。不过我知道，有的学生和他很亲近。我也知道，如果我有什么问题，他肯定也会听我讲的。你根本不用害怕问他问题。实际上，如果我们不问他问题，他反而有点担心呢。

我们注意到一种现象：如果老师把大部分注意力放在讲课内容上而不注重和学生沟通，学生就会感到被冷落；一位优秀的老师在学生毕业很长时间以后还会被他们回忆起来是"一位可以聊天的老师"（"他和我们谈话，就好像知道我们遇到了什么事情或者问题。我们一旦有什么问题，他就能看出来"）。学生们喜欢老师关心他们和学校生活平行的课外"生活"，真正的生活，而不仅仅关心他们的课程学习。

凯文（Kevin）：我过去总说，修完生物课以后，我什么理科课程都不上了。然而，今年我选了化学课，明年我还要选物理课。因为今年我们的老师，比如说，他总会把我们的日常生活和化学联系起来，会说科学对于生活多么重要。化学课！我过去想也没想过我会和化学课有什么关系……他有时候会插入一些小小的幽默故事。比如,他在讲解一氧化碳中毒的时候,会说"停车"(浪漫的语气)也会产生同样的效果,即造成一氧化碳中毒。当谈到酒精的时候,他会说就是酵母尿液。他说如果我们想出去喝醉酒的话,就可以跟着猫之类的动物转圈。

采访者:跟着你的猫转圈?

凯文:为的是猫尿! 因为那就是酒精。我们觉得这样的解释挺有趣的,我的意思是说,他会讲一些诸如此类的趣事……挺好玩的。

A 老师是学生们公认的一位优秀的西班牙语课老师。他很严格,没人敢在课堂上睡觉;但他为人很随和,学生们可以在教室里开玩笑,而且他对学生了如指掌。重要的是,学生们知道这位 A 老师想让他们学好。

西班牙语课,1 月份

墙上挂着墨西哥镇的海报。和往常一样,上课前,老师的讲台前围着四五个学生。虽然 A 老师不怎么笑,但是学生们故意逗他乐。所有的学生都叫他"先生",课堂气氛很轻松。学生们问他飞往西班牙的航班时间,问他早上能不能回来上课。A 老师点点头。接下来,所有的学生开玩笑说要到机场给老师送行。他们都很放松,互相开着善意的玩笑。最后,大家都在座位上坐好了,A 老师"嘘"了几次,开始讲课。他叫了一个学生的名字,让他注意听讲。终于,所有的学生都看着老师。他声音低沉而威严,他的西班牙语口音很好听。上课的时候,有的学生会走神,但绝对没有人睡觉。A 老师开始讲他刚刚批阅完的考卷,说他对学生的考试成绩很失望。

老师：每当所有的学生都考得不好时，我就想换一个职业了。我觉得我尽了最大力气，却教不会你们。我给你们讲过（这个）……也讲过（那个）。但是，成功的一半在于你们自己的决心！

接下来，他把考卷讲了一遍。点名叫一位考得很差的学生回答问题。

老师：第10题的答案是什么？

男生（讥讽的口气）：我这道题做对了啊。

全班学生窃窃笑了起来。A老师没有笑，他接着又点名叫安琪（Angie）回答问题。

安琪：我不会。

老师：你的意思是你没听懂？

接下来，全班的同学齐声背诵词汇。课文内容与个人卫生有关，如刷牙、梳头、穿衣和洗澡等。教室最后一排的一位叫维克多（Victor）的男生几乎可以大声说出所有答案。其间他宣称："先生，你应该给我额外加分！"

一名学生问："我们在讲第几页啊"？A老师皱了一下眉："我的妈呀。"他接着读单词，并让学生把单词写下来。本（Ben）坐在最后一排最后一个座位上，一动也不动。

老师：本，你在写单词吗？

本：在写呢。

老师：写在哪儿了？

本：这儿。

老师：我没看见你拿笔啊。

本（不耐烦地说）：我刚刚开始写。

老师:哦。

听写完以后,A老师继续讲解词汇,他使用教学卡片,请学生把单词翻译成英语。他跟学生们讲西班牙人和美国人对待垃圾的态度不一样。西班牙人如果想扔东西,就随手扔了……

老师(停下来):好了,贝琪(Betsy),你想回到自己的座位上去吗?

贝琪:我没有说话啊!

老师:哦(继续讲课)。

女生们没有动。后来,贝琪喊道(抗议刚刚被老师批评):"会考'Vamanos'吗?"

老师:不会的。这个单词和vamos很相似,怕你们混淆,所以我写在黑板上了。

A老师继续一遍又一遍地讲解6个新单词,让学生们反复读单词,练习发音。

老师:好了,大家到各自的小组,练习回答第200页的7个问题。只能说西班牙语,不要说英语。找到各自的小组,开始互相提问。只能说西班牙语啊!

上面说到的那个女生把一本书(非西班牙语书)递给隔壁组的另一个女生,并对她说"一个关于有两个上身但只有一双腿的连体人的故事,很有意思"。有些学生把他们的课桌搬到一块儿,开始问答练习。教室后面有两组学生,一组三人,一组四人,他们坐在一起,看不清楚哪些学生属于哪一组。其中一组的女生根本没有开口说话,一个女生在写什么东西。在我左边,有一个男生和一个女生,他俩根本不说话,女生在写字。A老师坐在讲台前,逐一叫着学生的名字,让他们上前去给他看练习册上的作业完成情况,并在成绩簿上登记成绩。有些学生好像没听见他叫名字。他连续叫了6个名字,没人动。

老师(最后很恼火地)说:好了,我会给这几个学生打零分。我不会求着他们要练习册的。

学生们开始站起来,跑去讲台。过了一会儿,A老师给学生发了一些复习资料,以便他们复习,准备明天的考试。一位男生站起来走到前面,因为他前面有三排空座位,资料传不到他手里。他取了两份,回到座位上,冲着坐在他后面的女生逗笑说:"你要哪一份?"女生笑着说:"都行。"

接下来,A老师要求所有学生读练习册上的西班牙语句子,有的学生发音很糟糕。他开始点名让学生做词汇练习,不断变换着手里卡片的顺序,卡片上写着学生的姓名和西班牙语名字,这样学生就不知道什么时候轮到自己回答问题了。本好像走神了,也许睡着了。当点名叫到他的时候,他读错了句子。听到有同学在嗤笑,本辩解说:"我只是看错了一行而已"。有些学生的声音很低,几乎听不清楚。不管学生读得多么不好,A老师从头到尾都没有纠正他们的发音,他一直用他那漂亮的西班牙语调重复着说"Muy bien"("好"的意思——译者)。

老师(在学生一遍遍地重复练习时,他态度和蔼地)说:在众人面前开口说话最可怕,比死都可怕。

谢恩(Shane)把汤姆(Tom)的塑料蜂巢玩具拿过来,这是一种弄湿吸盘就会粘到其他东西上面的玩具。当A老师指导其他学生的时候,谢恩迅速站到椅子上,把玩具粘到钟表表盘的中间。玩具粘在上面很显眼,就像是一只大手。A老师没理会,或者根本没有看见这一切。就在下课铃响起之前,A老师走过去,把玩具取了下来。

老师：这是谁的玩具？

汤姆：我的。

老师：它怎么会粘在钟表上了？

汤姆：唉，我不会说的，不过不是我干的。

老师：好吧，那我只好把这东西扔了。

汤姆：先生……不过，先生……

男生：哎，先生，你怎么能碰那个玩具呢？那是大家都用嘴含过的，上面沾满了口水。

A老师一下都没停，他正折断吸盘，我们能听到塑料断裂的声音。学生们陆续走出了教室，我离开的时候，汤姆还站在老师面前抗议。

汤姆：先生，那是我的玩具。但不是我把它粘到表上去的。

老师（再次尝试询问）：你从哪儿弄来的？

汤姆：先生，那是上第二节课时老师给我的礼物。

后来，我在历史课上遇到了汤姆，他跟我打招呼，我问他："拿回你的蜂巢玩具了吗？"他耸耸肩说："没有，他扔掉了。"

这堂课上出现了我进校观摩到的各种状况。有一个认真负责的老师，他非常关心学生的进步，在55分钟内会综合运用多种教学方法，就像是棒球比赛的投球手不断变速投球一样改变教学策略。老师讲课的时候，有的学生互相取笑、调侃；老师提到了考试，鼓励所有学生（"好"），还惩罚恶作剧学生，意识到学生不张嘴说西班牙语的原因（"害怕在众人面前开口"）。总而言之，课堂上的情况五花八门：学生们坚持自己的个性，而老师则很耐心，一次又一次地努力把学生的注意力吸引到他身上。他在教学生们西班牙语,不是学生的敌人。

我采访过的所有学生都能列举出他们的能力清单,好像11年来他们是家长和老师联席会议的隐身观察者一样。他们认为"自然的"学习和学不好的情况不是凡人能改变的。一说起"擅长"的课程,他们总是滔滔不绝("我喜欢历史课,我觉得我对历史有情结");对"不擅长"的课程,他们也同样如数家珍("数学是我无法搞懂的东西")。我请他们把课程排序,按照从最好(最喜欢或者分数最高)到最差(最不喜欢或者分数最低的)的顺序。他们一旦开始排序,我就能立即说出他们的学习模式:如果数学是学生最喜欢的课程("我的代数一直很好"),那么英语课就是最不喜欢的课程,历史课程次之;反之亦然。这个结果适用于各种分数段的学生。一个得全优4.0的学生会说:"我不喜欢数学。我虽然在数学课上得了全优,但是还需要更加努力地学习数学,而英语课就不一样了,我不需要那么努力地学习英语。"学生们的口头自我评价很自信,但是,当谈到老师的时候,他们有种种的不满,说老师对学生的差成绩负有极大责任。尽管不是所有的老师一直都是学生的敌人,然而采访中,反复出现的一个主题是"老师——就是——天敌"——出现的频率比"盟友——就是——救星"还高[12]。

回顾采访中学生们谈到对学校的感受时(第二、三和四章),我们发现学生认为老师和他们的同学让他们产生强迫、不安与困惑之感。这些年轻的道德相对主义者对必须采纳英语或历史课上老师的观点这种惯例很抵抗。他们认为,英语课"只是阅读,不是对或错"的课程,所以对作文成绩低感到很恼火。说句公道话,产生这种强迫感的学生往往承认英语课不是他们成绩最好的课程。或许,他们的作文成绩比班上其他同学的低是有其他种种原因,例如:缺乏写作技巧,不能贴切地表达自己的观点;或者作文结构粗放,不符合考试的整体要求。他们可能不是因为与老师的观点不一致,而是仅仅因为不能清晰、有力地表达自己的观点才得了低分。但是,为什么学生不能更好地理解自己的不足之处呢?为什么他们不明白考试要求,不能恰如其分地表达自己的观点呢?我有些纳闷,面对课堂上一个接一个的测验,难道就没有一个学生要求分析一下他该如何提高成绩吗?我深信像石头一样强硬而严厉的 E 老师(见第二章)之所以被学生作为偶像崇拜,是因为她花大量的时间对学生进行一对一辅导,告诉学生该怎么做才能提高成绩。考试成绩不好的时候,学生们并非都会去找老师予以解释,即使老师把成绩算错了,他们也不会去找老师。他们不敢找老师,也说不出口"我的试卷分数加起来不是这个成绩"。因此,他们就接受(不公正)的成绩,顺其自然而已。

更具说服力的案例来自一些优秀学生,他们认为考试中"细枝末节"题目过多,这让他们感到英语课具有"强迫性"。他们更喜欢写作文(因为他们写得好),讨厌老师经常考那些"无关紧要的知识点"来检查他们的学习进度。而他们可能不会想到:老师对一些具体知识点进行测试是为了给那些写作能力差的同学一个获得高分的机会。总之,对于英语课的考试与教学,各个不同层次的学生都极为不满。(我观摩了不同科目的课堂教学。通常,我都坐在教室后面,这样可以观察到全班大多数同学,也看到了许多学生在课堂上捣乱的行为。许多以前学过却早已忘记的课程让我本人乐在其中,有时竟会忘记自己的观摩任务,必须不断强迫自己把注意力转到学生们身上。)另外,每一门课的老师都会把考试作为借口,以引起学生对某些章节的注意("我要针对这部电影考试,计入成绩

总是考没有学过的——美国青少年的哀叹带给我们的反思

的真正考试")。如果学生在课堂上不能完成口头作业,老师就会立即把它布置为书面作业("那就把它作为一个小测试吧")。老师们以为书面作业就会提高学生的思维能力吗?学生们告诉我,老师用考试作威胁不管用,不会让他们学得更好。我个人认为考试威胁反而会让学生把学习与惩罚联系在一起,反而让学生们更加深信老师就是敌人。

令人意想不到的是,教师有宠儿的现象也让大多数学生把老师当作仇敌。不仅仅是因为学生认为老师总会偏爱这些学生,也不是因为教师的宠儿有一定的收入或体育特长。令我吃惊的是,甚至那些中下等成绩的学生都认为要想获得好成绩,就得成为教师的宠儿,他们必须做出妥协,成绩才会进步。经过细心观察,我发现学生很讨厌教师的宠儿与老师关系融洽,不过他们"知道"这是巴结老师换来的好处("你得告诉老师,你想得 A 而不想得 B")。学生不喜欢老师和班上部分同学不断谈论一个话题,比如,体育、喜剧或者笑话("就好像我们不在同一个班级一样")。顺带说一下,学生并不希望老师在忙碌的一天当中和某个学生谈论一些趣闻逸事,他们很反感这种方式,认为那些"小儿科讨论者"夸夸其谈就会受到老师青睐,得到好成绩。于是,那些老师"青睐"的学生(受到教师过多关注、轻而易举获得好成绩的学生)没有赢得同学们的掌声和羡慕,反而遭到同学们的讥讽。归根结底,学生认为老师才是学生的敌人——因为老师首先喜欢学生的巴结讨好。

老师被学生视为敌人的另一个原因是老师对学生随时随地吼叫。虽然老师大声吼叫的例子不多,但是老师的语音语调却能表达出强烈的不满("下课后来见我")。在学校吝啬的奖励制度下,学生非常看重老师的微笑和眼神,因此,如果老师不笑或者不看学生,那么老师的言语和态度就被学生当作训斥,"惩罚"的效果也会随之被放大,学生称此为"遭殃"。而且,我们得知不能低估学生之间的友爱关系,如果学生看到老师批评他的朋友捣乱,那么他会有强烈的感同身受。有一次,有个老师在课堂上批评了一个学生,嘈杂的教室突然安静下来,整个教室鸦雀无声,令我十分震惊。那位老师公开批评一个学生的原因是什么呢?是不是希望引起所有学生的注意——以儆效尤?我听说过电影导演奥逊·威尔斯(Orson Welles)的做法,在拍摄一部新影片的时候,他通常会雇一个人,目的就是在开拍第一天解雇他,以便杀鸡儆猴,好让所有人明白究竟是谁说了算。或许,那位老师希望唬住所有可能捣乱的学生,希望课堂上不再出现捣乱行为吧。结果,学生们却认为那位挨训的学生是牺牲品,认为老师喜欢在课堂上惩罚学生。

被学生们视作敌人的老师从来不真正关心学生。我们在第四章曾提到学生抱怨被老师忽视["你会感觉到她根本不在乎你是否有问题,因此你就根本不会和(她)沟通交流"]。这些老师不关心学生在课堂上是不是认真听讲("他根本不对我们详细讲解……他根本不和我们交谈")。在学生看来,老师只讲给那些无师自通的学生听("如果你向他提问,他就会觉得受到了冒犯")。学生还说这些老师只顾讲课,根本不会留意学生的厌倦、不安以及师生关系。有的老师很唠叨("整整一个小时都是老师一个人在说话"),虽然不像那些"虐待狂"老师那样动不动就考试,但他们不考虑学生的年龄与学习成绩,总讲一些高深莫测的问题,令学生们困惑不解,因而也被学生视作敌人("我认为他应该给大学生上课")。大学教授就这样上课,他们会根据讲义一直往下讲,不在乎学生是18岁的大一新生还是60岁的老人。当然,大多数大学生不会耗费精力去把老师当作敌人（除非不得已，如果一位成绩优异的学生刚刚从高中升入大学，他十分看重分数，偶尔一门课程考得不理想，那他会以为与教授不共戴天）。在大学里，师生一般不会真正关心彼此，除了一些特殊专业，比如心理学或教育学，个性有助于教师对学生作出好的测评。高中就完全不同，不仅因为高中学生和老师在一起的时间多——每年9个月，每周5小时，而大学每学期只有4个月，每周3小时，还因为家长希望高中老师要温柔地对待他们的孩子，家长们希望老师全面关心孩子的成长，因人而异地予以测评。高中生也明白家长的心思，所以才会很挑剔老师"不在意学生是否在课堂上听讲"，或者认为老师对学生持有性别偏见。

学生们的一举一动透露出一点：老师仿佛就是敌人。然而，我个人认为，学生自己也是一种敌人——老师的大敌，他们对教学大纲的冷漠态度就表明了这一点。这种冷漠几乎算不上一种过错，相对于他们需要关注的其他事情，学生根本不会听从老师，不会关心教学大纲。他们把大部分精力放在别的事情上，认为老师按照教学大纲讲课就是冒犯他们，甚或压制学生个性。学生们普遍抱有这种看法，即使学习兴趣和能力不同，他们的看法却一致。甚至是那些按时完成作业的学生，他们学习刻苦，胸怀抱负，但只要一谈到学校，他们就兴趣索然，倘若提到他们的课外活动[13]或者好朋友，那他们则兴趣盎然。我认为造成这种局面的原因有以下两点：第一，大多数教学活动最终会沦为枯燥乏味的说教；第二，青少年文化让学生从二元论的角度看待学校教育的两个群体，即学校权威与学生的对立关系、他们与我们的对立关系。我认为学校教育不能讨价还价，老师也不是学生仇恨的敌人。老师的职责不是为了抓住学生或者击败学生，他们不是鬼鬼祟祟地监督学生或者阴谋策划打垮学生（即使老师有意整垮学生，他们也没有精力与学生作对，所以老师不可能是学生的敌人）。表面看来，老师的罪过仅在于以课程内容为中心，课堂教学枯燥乏味，而学生则感觉受到敌人的压迫。实际上，师生双方参与了一种战争：老师漫不经心地教书，学生们竭尽全力抵制学习。

课程是学校教育的重要组成部分

"我宁肯无家可归，也不愿意孤独一人。"

——珊妮（Sunny），11年级

"（宇宙万物中），个体不可能自给自足，完全孤立于周围环境之外。"

——阿尔弗雷德·诺思·怀特海[14]

在哲学家怀特海看来，我们每个人几乎完全由小时候的家庭环境决定。从小一直到18岁，父母为我们提供衣食住行，确保我们得到医疗、安全、娱乐和教育，引导我们参与社交和处理情感问题等。青少年时期，我们开始和同伴共同成长，为此我们逐步远离守旧的父母而亲近前卫的同伴。对于许多青少年来说，同辈人之间根本不存在竞争，他们自然而然就成为伙伴关系。一个17岁的男孩曾严肃地向我坦白："家人真麻烦。"

这个年龄段的青少年要脱离长辈的监督绝不是当代西方的传统。人类学家宣称：青少年（尤其是男孩子）"自然中止"家庭依恋是一种跨文化现象[15]。他们描绘了全世界各种文化中青少年不同的生活方式：在非洲、南亚以及太平洋地区，男生与女生分别住在独立的社区宿舍（非家居式）；印度的穆里亚斯族（Murias）和坦桑尼亚的尼亚库萨斯（Nyakyusas）族把青少年送到父母邻村的青少年村庄，在那里和小伙伴们一起耕种、放牧；美国霍皮族（Hopi）印第安人的男孩通常睡在基瓦会堂（kivas，或称大地穴，印第安人的一种圆形建筑——译者）或礼堂，即男人住所。事实上，一些社区的礼堂通常为丧偶、离异、分居的男人提供住所，青少年男孩子也常常会选择睡在礼堂。在中世纪，把孩子寄养在贵族家庭当学徒或者侍从是很平常的事情，这种"外借"或"转让"青少年劳力的做法在欧美一直延续到21世纪。

至于同伴归属感是青少年"脱离"父母的原因还是结果，人类学家、社会学家与心理学家莫衷一是。在美国文化里，青少年时期是人生中一个独特的阶段，即孩子们长大成人了，似乎不再需要成人监督，同时又太年轻，还没有能力承担责任。因此，在这段尴尬、状态不定的时期，青少年与父母之间经常发生心理冲突也就不足为奇。尽管受访学生一边摇头一边强调"我会把一切都告诉我妈妈"或"我的事儿我妈妈都知道"，但大多数中学生认为"必要时，朋友是重要的倾诉对象"。在回答"什么重要？"这个问题时，学生们提到家人、朋友和教育，排列顺序有所不同，甚至很多学生给出了同样的答案，只是提到的同学名字不同而已："对我来说重要的？我最好的朋友克丽丝蒂（Kristi！）。"（或 Todd、Beth、John 等等。）

西娅（Thea）：什么对我来说重要？我的男朋友很重要，还有我的朋友们、我的家人，他们对我来说都很重要。如果让我排序的话，按照最重要到次重要的顺序排列是：我的朋友们、我的男朋友、我的家人。这样说好像不太好，但我（这样说）是因为我的家人似乎不像我的朋友们和我的男朋友那样耐心地听我说话。我也不像有的学生那样有成千上万个朋友,我只有三个好朋友:Tanya,Ellen和Devon……他们真的很伟大,总是在我身边支持我。即使他们有时候不赞同我做的事儿,也会一直支持我。

在我们所有的谈话中,提到朋友时,学生们的话题最活跃,好像青少年之间的友情会远远超越短暂的青春期。青少年友谊崇尚平等主义("她和我几乎一模一样,我俩在学校会有同样的问题"),虽然他们将来最终会选择不同的职业、居住地,拥有不同的职责、抱负、薪水和运气,但现阶段有相同的志趣和归属感("在你95岁的时候,他或她都还会支持你!")弥足珍贵。朋友知道你需要什么,她/他会载你一程,会给你提供答案,会在你谈恋爱遇挫时给你安慰,会和你一块儿做作业,一块儿讨论、交流、畅想未来等;朋友还会借给你衣服、钱、化妆品,陪你去逛商场、看医生、参加面试或者驱车载你去前任男友或未来重要的另一半的家里;朋友会为你的汽车加油,为你买啤酒喝,帮你一起铲雪,和你一起出发;朋友会打电话确认你加入了团队,弄清楚你会被邀请,会四处打听那个人是否喜欢你;朋友会为你保守秘密,会把喝得烂醉的你送回家,会在你忘记父亲制订的人生计划时劝慰你。朋友和你的生活联系密切,无缝衔接("朋友喜欢我,因为他们在我身上看到了自己,而我也一样,在他们身上看到了自己的身影")。总之,朋友首先扮演的是一个听众的角色,你很容易向他/她倾诉("你可以告诉朋友你的感受")。朋友之间接受彼此的容量似乎无止境,即使一起在外面待了几个小时,下车的时候还会嘱咐开车的朋友"到家后给我来个电话啊"。数年后,他们当中的一些人就得要按小时支付昂贵的咨询费用,才能得到类似的共鸣,但现在却可以得到同龄人的心理按摩服务，而支付给对方的最高赞美就是"他/她一直支持我"。好几个学生提到朋友们并不完全赞成他们的选择或者行为，但是会一直"支持"他们。相对于家长的呵护，青少年更喜欢同龄人平等的生活，因此他们在家里也会寻求类似的友谊关系。有一点颇具讽刺意味，采访中，学生们一次次地大声疾呼："朋友就像家人！"或许，他们的意思是朋友就像小时候的家人一样，因为一旦度过童年时期，他们就不会再和家人谈论自己的心事了。

克莉丝汀(Christine)和男友分手后心情很不好，以至于她都不记得是如何度过圣诞节的。朋友和学校的辅导老师帮助她度过了那段难熬的日子，因为克莉丝汀和她妈妈之间的关系变得很糟糕，她无法向母亲寻求安慰。

克莉丝汀：大概是从去年6月到圣诞节后的学年里吗？我和约会了7个半月的男生尼克(Nick)分手了，那时候我的感觉糟糕透了。我感到无比的孤独、空虚、无聊，我去看心理医生，意识到了自己的问题，最后终于振作起来。那段时间真是太恐怖了！我简直不敢相信自己会对某个人这么着迷——陷得非常深，分手令我深受打击，我觉得自己简直是疯了，我在很长一段时间内都不理智。

采访者：这么严重？是因为他喜欢上别人了？

克莉丝汀：是的，我想这是部分原因吧，嗯……我想是因为感到自己不再被人爱吧，可能就是这样吧。

采访者：他和你在同一所学校上学吗？

克莉丝汀：对。他今年从麦迪逊中学毕业了，这样就不容易在大厅里看见他了。

采访者：哦，对。

克莉丝汀：因此我感觉好像丢了魂儿似的，但是……

采访者:谁帮你渡过了难关?

克莉丝汀:呃……C老师。

采访者:哦,很好。你姐姐帮你了吗?或者你妈妈?还是你觉得不方便和她们讲这种事?

克莉丝汀:过去我常常和我妈妈讨论这些事情,但现在我不知道会不会和她说。我想妈妈变了,我也在改变,我们变得不像以前那么亲密了。而我姐姐根本不喜欢尼克,她一直不希望我和他交往,所以她并不乐意我和尼克交往……因此她根本不屑给我任何支持。但是,学校辅导员帮助了我,还有巴布(Barb)以及其他许多我的好朋友,他们帮我走出了失恋的阴影。

采访者:真好。你会不会建议学妹们不要太迷恋男朋友?这是不是你得到的教训?我很想听听你的观点。

克莉丝汀:嗯,是吧。我的建议是:你们千万不要……我的意思是,这只是高中,你们在上高中!不要把精力集中在一个人的身上。你会遇到很多同学,很多人,要经常和朋友在一起。我很后悔谈恋爱,在7个多月的时间里,我好像把朋友都抛弃了,只和一个男生在一起。因为一旦失去朋友,你就没有人可以求助了。我知道对于很多女生来说,很难做到对男生不着迷,我自己就难以做到。事实上,我很快就被那个男生迷住了。

我们可能识别不出每一个陷入绝望的青少年("从外表看,人们都觉得我很开心"),但统计数据却表明我们应该对此特别警惕。在北达科他州,自杀导致死亡的人数占青少年死亡人数的12.2%,在死亡原因中位列第三。该州的青少年自杀率比全国的略高一些:22%(全国为21%)的9—11年级的学生考虑过自杀,18%(全国为16%)的学生计划过自杀,还有10%(全国为8%)的学生实施过自杀[16]。学生们告诉我,他们的朋友更容易注意到他们有自杀的意图("朋友实际上是你人生的支柱")。当青少年学生感到压力的时候,他们更多地会依赖朋友,而不会依赖家人("我们互相倾诉……所有的问题")。在一些开放式谈话中,有的中学生会轻松愉快地谈到他们的抑郁("什么对我来说很重要?活着从高中毕业,活着,神志清醒地活着")。有两个女生愿意谈谈她们的情感问题,其中一个女生给我看了她手腕上的伤疤。

采访者:你是不是觉得人们不理解你所承受的压力?

桑德拉(Sandra):我要说的是,他们应该,而且必须明白我们和所有人一样,有自己的各种各样的小问题。不过,这些问题有时候很隐蔽,他们没有注意到……我认为很多学生宁愿把问题放在心里也不愿意说出来,你明白吧?有些同学不可能跟别人说,他们也不想说,他们只想暗示别人,希望得到帮助。每一个人一生中都时不时地需要他人帮助,可你知道吗?如果我需要帮助,那我只能自己帮自己度过一道道难关,因为我妈妈根本不关心……我内心深处非常恐惧。我的压力非常大,这就是高中生活。在当今这个时代,我们感受到的压力要比人们想象的大很多……我认为人们没有充分意识到青少年付出的巨大努力。学生们要打工,还要担心自己的学业成绩以及老师。每个人都一样!不论你是重金属乐迷、盛装族还是瘾君子,每个人都担心,即使他们试图不表现出来。他们都很在意在朋友面前是否有面子,有很多来自同伴的压力……这就是为什么有很多人喝酒的原因。这也是我喝酒的原因,我醉酒和抽烟的原因。

另一个女生翠西(Trish)发现和她共用储物柜的同学企图自

杀。她首先找到自己的朋友来处理这件紧急事情,而没有去找大楼里的成年人。下面是她的讲述:

"去年,我在学校很糟糕。我和一个朋友共用一个柜子……她和我很亲近,但是……她(小时候)爸爸过世了。这对她来说打击很大……因为这件事儿不是她妈妈告诉她的。这是一个她不认识的人告诉她的,那天早上这个人正好到她家,所以才发现的。这对于她来说难以接受,因为当时她父母刚刚分居,而父亲是她生活的全部……他教她滑冰。有一天,我翻柜子找我的一个笔记本,结果在其中一本笔记本里看到了她给我写的遗言,三页长的遗言。当然,我看了,认出了她的笔迹,她说要自杀,跟我道别。我一下子就懵了,不知如何是好。我走在校园里,正好遇到罗恩(Ron)和杰西(Jess),他们帮我出主意,想办法。当时我自己真不知该怎么办,我不知道该不该去向辅导老师报告,担心告诉辅导老师会不会把她的生活彻底搞砸。最后……我还是向辅导老师报告了这件事,他们说要在朋友给我留言后的第6小时才能去找她。而现在是留言后的第3小时,我必须得和她一块儿吃午饭,一块儿上课。他们让我什么也别和朋友说,担心她会拔腿跑开,你明白吧。她或许不想面对这件事,不想面对她父母的事以及其他的事情。我和她一块吃午饭,尽力在她面前表现得冷静、随意,可是我在课间都会哭。我觉得……这件事对我来说太难面对了。终于到第6小时,她离开了,这意味着辅导老师给她打过电话,她应该在G博士办公室了。她果真去了辅导老师办公室,而我也收到通知,叫我也过去一下。我到了辅导老师办公室,朋友愤怒的眼神简直可以杀死我。我想说抱歉,可我并不后悔所做的一切!我知道自己做的是对的。朋友用盘问的眼神看着我,接着却伸开双臂抱住了我,我们一起哭

总是考没学过的——美国青少年的哀叹带给我们的反思

啊哭。从那时候起,我们一起经历了许多事情,很多很多。怎么说呢,她是典型的美国女孩,金发碧眼,非常漂亮,与人相处融洽。而我和她不同,我的意思是我和很多人相处得很好,但我不像卡罗尔(Carol)那么漂亮……她有那么多朋友,她和很多人都是朋友,但是不管她有多少朋友(原文如此),我俩一直都是挚友。我知道她以前曾经试图自杀过,好几次。"

　　这件事发生在一年前,但是这位学生在讲述的时候却记忆犹新,就像昨天发生的事一样。让她和卡罗尔一起吃午饭、上课,尽量不要表现出她的焦虑,这种想法似乎太不切合实际了。有没有人注意到她在课间的时候哭过?这一点我们无从知道,不过我料想没有人留意过她,因为我目睹过好几次,有的学生双手捂着脸默默哭泣,却从没看见任何老师把他们带到一边进行安慰。实际上,要注意到这一点也不难,只要老师上课的时候注意看一下,就会发现学生的情绪异样。的确,中学老师没有参加过心理辅导培训,而他们的学生正在遭受巨大的打击。不过话说回来,难道老师就不能在楼道里建议学生去辅导老师办公室吗?做到这点不难吧?至于学生会在楼道里选择告诉老师什么是另一回事,但至少应该有成年人注意到学生的个人困难。结果,反而是学生肯花时间留意朋友的举止,甚至冒着被老师批评的风险给朋友传递纸条以示鼓励。

　　在学校,朋友最重要的作用就是缓解一天的枯燥乏味。同伴之间可以说个笑话、讲个新闻或彼此理解包容,这些都会让枯燥的一天刹那间活跃起来。相对来说,那些在家学习的孩子就有些可怜。和朋友相比,老师精心设计的课程安排黯然失色("学校最好的一点就是可以见到朋友们")。朋友能使一个学生集中注意力,激发他的学习劲头,给他带来快乐,这种喜悦不是世上任何成功能够给他的("世界上所有的钱都买不到一个朋友带来的快乐")。不是出于求知欲,而是因为思念朋友,就可以让一个学生迅速恢复健康回到学校。他们可能觉得星期一"不舒服",但还是会一直半死不活地坚持到星期五,到时候大家都会讨论周末安排。一名全A优秀生马克(Mark)实事求是地说:"在学校最好的就是人际交往。"选择上微积分II还是三角学?对于艾伦(Ellen)来说,这根本不是问题:"朋友们上什么课,我就上什么课。"一般来讲,不受欢迎的课也能学好的原因就是有朋友一起上课["我们去年的数学课很棒,(因为)一起上课的同学很棒,其他的就没在意"]。

教育家声称小班上课的效果好。[17]学生们这样向我解释:"小班上课,就像和朋友谈话。"对于青少年来说,学校远不是成年人指导孩子发展认知能力的地方,也不是学生碰巧会遇到同龄人的地方。正好相反,对于青少年来说,学校是他们思考和感受人生的地方,因为那是同龄人聚集的地方。他们只不过碰巧在那里学习而已。师范生萨拉(Sara)总结道:"高中是我们的人生,但不发生在课堂上,而是在学校衍生的枝枝杈杈上。"在快速运转的高中环境中没有朋友会让人不寒而栗("人们经常会谈到学校是最重要的,其实不然。音乐不是最重要的,话剧也不是最重要的,人际关系才最重要!")。和朋友在一起,即使"挨骂",也会觉得伤害不那么重。实际上,和朋友在一起,可以让高中生轻松对待老师的忽视以及深奥的课程学习。高中生活最悲伤的记忆是被学校的主流文化排斥在外,而非被全国荣誉生协会淘汰出局;高中生活温馨的记忆来自朋友们的同喜同悲。这就是为什么被朋友辜负要比被老师训斥更令人伤心。

4月份 化学课

老师(皱着眉头):杰夫(Jeff),你明天来上课吗?

杰夫:不来。

老师:那你今天参加(考试)吗?

杰夫:可是我缺了三天的课啊(意思是他耽误了太多考试内容)。

全班同学都可以听到这段师生对话。

老师:那你有什么作业交给我吗?

杰夫摇摇头。

老师(双眼盯着杰夫):什么也没有?

杰夫眨巴着眼睛不说话。

老师:下课后到我办公室来。

杰夫的朋友,也是他家的邻居,坐在他旁边,拍了拍杰夫的肩膀,似乎在安慰他"没事儿"。杰夫的脸色苍白,看起来对于因三天没有交作业而受到公开批评很不快。过了几分钟,他便问邻桌:"你昨晚看莱特曼的谈话节目了吗?"

H老师让学生自己批改作业:"你们自己来改吧,不要自欺欺人啊。"

尽管刚开始上课的时候H老师对杰夫很恼火,但是上课的时候,他两次走到杰夫身边,试图给他安排考试和实验时间。

老师:现在我让你去做实验,但我要给其他同学放映两个短片,以便他们复习,你就别看了。什么时候可以去做实验?

杰夫:要多长时间?

老师:15分钟。

杰夫:那就午饭时间吧!

老师:好的。

H老师关掉教室里的灯,男生丹(Dan)的腿上打着石膏,他试图移动座位,以便能看清楚。

老师:丹,你看不见吗?又忘戴眼镜了?戴我的吧?(他摘下自己的眼镜,递了过去,丹接过了眼镜。)你为什么不挪过去?那样就可以看清楚。我不乐意看见你使劲眯眼。

足球运动员丹把他的双拐放在课桌旁边的地板上,单腿跳着,坐到屏幕前方的座位上。

老师(注意到他腿上打着石膏):哦哟,又有一个肌肉脆弱的。

后来,H老师告诉我,丹弄丢了很多副隐形眼镜,他父母不肯再给他买新的了。短片放完之后,老师允许学生在最后10分钟内自学,做自己想做的事。

黑板上写着:"复习题'……在27.4毫升溶液中滴入0.0154毫升的标准溶剂。如果将Ba(OH)$_2$加到20.0毫升的HCL样品溶液中,那么酸的摩尔浓度是多少?问题4:如果第三题中是H$_2$SO$_4$酸性溶液,那么它的摩尔浓度是多少?'"但是,杰夫对复习题丝毫不感兴趣,相对于化学,他更喜欢与哥儿们聊天。

杰夫(声音很低):你星期二没到我家,去哪儿了?

邻桌:我忙着呢。

杰夫(讥讽的语气):'我——忙——着——呢。'那天是我的生日!自从12岁以来,我还没有好好过一个生日呢!你为什么不来呢?

邻座嘟噜了几句。

杰夫(厌恶地说):讨厌的家伙。

坐在我前面的学生等老师扭身转向黑板时,从实验台上抓起

总是考没有学过的——美国青少年的哀叹带给我们的反思

盛肥皂水的挤压瓶,把水喷向他前面所有同学的后脑勺。十足的恶作剧,不声不响,影响恶劣。一个男生低声说:"嘿,你这混蛋!"恶作剧学生继续搞怪,朝耳后竖起拇指,意思是说"我干的",我冲受害的同学摇了摇头。刹那间,我们都被卷入这场闹剧中,除老师之外,所有人都看到了始作俑者在纪律严肃的课堂上恶作剧得逞后自鸣得意的神情。

这堂课展示了动力与价值观的区别。动力来自老师,下课之前,他希望所有人知道杰夫违反了学校规定,所以他对杰夫失去了耐心。全班同学都没有看到他为杰夫补课所做的努力,而这正体现了老师对学生个体尊重的价值观,他是在考虑杰夫的个体需求,需要在考试前补实验课。H老师为他一个人安排了实验课,是一对一的补习。老师的动力在于按时完成课程要求并准时考试。价值观(人道的思想)是关于满足个体需要和友情的。刚开始,老师和违反规定的学生的互动是公开和大声的("那你有什么作业交给我吗?")。之后,他们的互动则是私密和平静的("现在我让你去做实验,但我要给其他同学放映两个短片"),当然,同伴间的互动也是悄悄进行的("那天是我的生日!")。在55分钟的上课时间里,动力和价值观并肩齐驱。人类学家朱尔斯·亨利教导我们:"价值观就像动力的制动系统。"但是,为什么大家公开学习课程这个动力,却私下引导灌输价值观呢?或许,公立学校教育强调对学生进行规则教育,而不是教学生犯错以后如何获得原谅。

相对于实验,杰夫会更多地记住老师对他的照顾,因为出乎意料的友善在记忆中会产生共鸣。因此,对于杰夫来说,H老师的帮助会缓解他把老师当成敌人的倾向。至于另外一个假象,就是人们的行为好像表明课程是学校重要的组成部分,这似乎成了学校的一种范式。高中课程很正规,不管是东海岸还是西海岸,乡村还是城市,都是一眼就可以看出:一个老师和一群年轻人共同完成教学任务。透过正规的表面,我逐渐看到了一个隐蔽的、非正式却同等"重要"的日程,不包括老师在内的日程。(有个学生向我描述了他们针对老师的一次恶作剧:在期末最后一个星期的某一天,他们把教室里所有的课桌都倒过来,这是非正式日程的一个例子,不过这个非正式日程最终突破了它隐蔽的属性,把老师也卷进去了。)非正式日程的内容比正规课程灵活得多,比如,有人谋划点不正当的事儿,传递一个言归于好的便条,或偷偷开个玩笑等。那个喷水瓶的恶作剧一下子打破了严肃的课堂气氛,缓解了复习的沉闷("在 27.4 毫升溶液中……"),全班就像一排排植物苗,被浇水后立马活力焕发。短短几秒钟的工夫,恰到好处,有的学生被惹恼,有的学生被逗乐,有的人则感到惊喜:竟然没受到惩罚。没人提到喷水事件,虽然只有老师一个人没有注意到,但其他人都装作若无其事的样子,好像上课才是最重要的事情。

所有人在课堂上表现出认真学习、专心听讲的样子是高中的跨代"假象"。显然,公共教育事业即公立教育首先要求有一定的秩序。让每个班级里 25 个不同性格的学生(再乘以教学楼里的几十个教室)把令人分心的事情抛在一边(爱情、工作、体重、游戏、电话、汽车等),每隔 55 分钟就像换挡一样在不同课堂间转换(主题、老师、规则、考试),一小时接着一小时,这需要师生双方都非常关注对方的期望。因此,礼貌有序非常重要。不幸的是,许多教学工作似乎重在创造秩序,而不是培养学生的创造性思维。(有的教育者甚至可能认为二者互不兼容。)我想说老师让学生"反复练习""对学生吼叫""冲他们抓狂",并不是因为学生不努力学习("我不会求着你们要练习册"),而是因为在学校中秩序是至高无上的。学生在调皮或不学习的时候是真实的,而学生对酸性溶液摩尔浓度感兴趣,或是说对解决问题"a."感兴趣则是伪装的,对这点老师和学生都心知肚明。尽管老师讲课并不形象生动,没能让学生对课程产生浓厚的兴趣("上学枯燥乏味"),但是所有人都表现得很有礼貌,就好像老师帮助他们对课程产生了兴趣一样。之所以会这样,是因为如果有人指出所有成年人的努力对学生而言收效甚微的话,那么学校就不可能依旧枯燥乏味地、四平八稳地正常运行下去;如果每个人都诚实,学生们如实表现出同学间的"亲密友谊"("价值观")[18]比学校课程更有意义的话,那么学校就不可能有序地继续枯燥下去("动力")。简言之,秩序要求所有人都忠于"课程是学校重要的组成部分"之假象。

注释

[1] Whitehead, Alfred North (1929/1967), *The Aims of Education and Other Essays*, NY: Free Press, p. 1.

[2] Henry, Jules (1963), *Culture Against Man*, NY: Vintage Books, p. 14.

[3] Romine, Stephan A. (1954), *Building the High School Curriculum*, NY: The Ronald Press, p. 28.

[4] 北达科他州的一所高中1998年共有900名注册学生,同期学校的课程目录包括222门课程。

[5] Dorris, Michael (1987), *A Yellow Raft in Blue Water*, NY: H. Holt.

[6] Henry, Jules (1963), *Culture Against Man*, NY: Vintage Books, p. 361.

[7] "我发现了一个学生敌视老师的常见模式,学生几乎抵制老师所代表的

任何一种生活方式的非物质方面……通常,老师和他的学生之间的根本分歧在于彼此所代表的文化对抗,并非与课堂教学有关。我认为如果老师能够认识到并仔细分析一下被学生视为'敌人'的原因,而不是一味拒绝承认这个事实,那将有利于他更加有效地处理师生分歧,从而提高教学效果。"参见:Splindler, George D. (1974), The Teacher as Enemy, in *Education and the Cultural Process: Toward an Anthropology of Education*, 2nd ed., NY:Holt, Rinehart, p.77。

[8] Russell, Bertrand(1951), *The Autobiography of Bertrand Russell*, Boston:Little Brown, p.191.

[9] Whitehead, Alfred North and Bertrand Russell(1912/1927), *Principia Mathematica*, Cambridge, England:University Press。

[10] 模拟教学法指将事实性知识和程序性知识从一个人传递给另一个人,主要指学生通过模仿老师学习知识;转化教学法则强调学生经过学习后发生质的变化。参见:Jackson, Philip(1986), *The Practice of Teaching*, NY:Teachers College Press, p.129。

[11] 标准参照评价旨在考查学生对教材的掌握情况;常模参照评价则是将学生的个体成绩与同一团体的平均成绩或常模相比较。参见:McNeil, John D. (1997), *Curriculum: A Comprehensive Introduction*, Boston:Little Brown, p.146。

[12] "学习倦怠症候群的学生受个人兴趣主导,反对学校的机构性教育……他们到学校上课,是因为必须要上学,但他们的心思却集中在人际关系和课外活动上。"参见:Eckert, Penelope(1989), *Jocks and Burnouts: Social Categories and Identity in the High School*, NY:Teachers College Press, p.103。

[13] "总之,一半以上的学生(52%)认为他们的成就感与学校课程无关,相反,他们在学校的成就感来自体育和其他课外活动(20%),以及朋友之间的社交活动(11%)……也有的学生根本没有成就感(21%)。"参见:

Shaw, Robert A. (1982), unpublished paper, Brown University; cited in Sizer, Theodore(1985), *Horace's Compromise: The Dilemma of the American High School*, Boston: Houghton Mifflin, p. 56.

[14] Whitehead, Alfred North (1938/1966), *Modes of Thought*, NY: Macmillan, p. 138.

[15] Schlegel, Alice and Herbert Barry III (1991), *Adolescence: An Anthropological Inquiry*, NY: Free Press, p. 26.

[16] North Dakota Youth Risk Behavior Survey, North Dakota Department of Public Instruction, 1997.

[17] U. S. Office of Education, Reports on Class Size, Smaller Learning Environment, in *Turning Points: Preparing American Youth for the 21st Century* (1990), NY: Carnegie Council on Adolescent Development.

[18] Henry, Jules (1963), *Culture Against Man*, NY: Vintage Books, p. 14.

第六章　教育改革

"嗯,我觉得今年学了好多东西,但是不能确信自己是否真的学到知识了"。

——梅勒妮(Melanie),11年级

"教育就是获得生活的艺术"。

——阿尔弗雷德·诺思·怀特海[1]

梅勒妮同学的困惑并不足为奇。她认为自己记不住学校老师讲授的知识(这里的问题是她把被动接受知识当作教育,而不是主动去学习)。迄今为止,她在学校已经掌握了生活的艺术,凭借自己的智慧,巧妙地协调各方面的关系,从而获得生活技巧。而且,她发现课程大纲的目标与她在学校的实际收获有很大的差异。她不能确信自己是否真的学到知识了。很显然,她没有学到。真正的高中学习在于学有所思,能够对所学的知识进行论证,从不同角度分析所学内容,反复思考其含义,把新知识和已经掌握的知识联系起来,并结合自己17年的生活经历思考问题。(也许梅勒妮会认为这种想法不合理吧?)所以说,她没有学进去,她肯定没全身心投入学习,没有学会思考。我遇到很多学生都说喜欢校园生活,尤其喜欢自己感兴趣的科目和课外活动,但在高三年级即将结束的时候,他们感觉有些紧张,因为他们在学校课程上的投入远不如他们的课下生活[2],因此感觉尚未做好毕业的准备。正如前面几章

总是考没有学过的——美国青少年的哀叹带给我们的反思

里的对话所反映的那样,学校课程与学生的课下生活是完全不同的两个世界。就像坐火车旅行,他们一路上都忙着和其他乘客闲聊,却没有和列车员沟通,没弄清楚火车运行时刻表(更何况还把列车员视作敌人)。梅勒妮担心火车将驶入终点——高中四年级——她却并未掌握所学的知识。在过去的几年中,她并没有积极地参与学习,虽然她认为自己的问题并不在于缺乏目的性,而是她懒得做作业,上课走神,老师只对测试有兴趣,恨不得每5分钟就考一次试(对不受学生欢迎的老师的描述),因此她害怕会考不及格。我们不妨想象一下她的恐慌,对于即将到来的大学入学考试,她必须在短时间内学习所有的科目并完成大量的记忆任务。

梅勒妮对学校的规模和效率印象深刻("教了很多东西……在这段时间")。和多数同龄人一样,她忠诚于自己的学校,并且为它的公众形象感到骄傲。但是,因为不清楚究竟学到了什么,她觉得没有安全感。她在高中阶段经历了一系列情绪变化,有时焦虑难当,有时麻木不仁,如同行尸走肉一般。虽然并不是每个学生每天都会经历情绪变化,但大多数学生会有类似的经历,而且会让成年人感到吃惊。一个学生很伤感地告诉我:"要知道,学校并非人们想象的那样。"在学校里,学生经常感觉被迫学习老师要求掌握的内容,这让他们常常感到郁闷(门类繁多的课程,同学的"蛮横无理",忙碌不堪的课程安排,老师的漠不关心,对新学的内容感到迷惑不解,老师却全然不在意学生是否能听懂)。尽管并非每个学生都会亲身经历,但学生普遍认可这些负面情绪,正因如此,学生会形成一种校园文化圈[3],即校园亚文化。

任何一种文化的成员都要明确遵守其正式的规则(如接种预防疫苗、注册投票、申领结婚证书等等),此外,还要遵循一些非正式规则或者习俗,虽然并非所有成员都会严格遵守,但人人都明白这类规则的含义(例如,参加7月4号的国庆游行,向国旗敬礼,看棒球赛吃热狗)。一般来说,一种文化的显性规则会张贴告示,例如,早上8点开始上课的课表会贴在教室里。违反规则就要受到惩罚,例如,迟到三次就会被罚留校一次。而隐性规则一般都是约定俗成的,例如,新来的学生都会坐在餐厅的某一区域就餐。违反隐性规则也会受到无形的惩罚,如果一个二年级学生坐在三年级学生的就餐区,那么就会被同学所不齿。事实上,青少年亚文化圈的凝聚力很强,学生认为违反隐性规则受到的惩罚远比违反显性规则的后果严重(所以学生都声称他们宁愿因成绩不及格而被学校除名,也不愿因为衣着不合群而被孤立)。试想一下杰夫同学(第五章)的例子,朋友忘记他的生日给他带来的伤害远远大于老师要求他放学后去办公室这样的惩罚。因为遵守显性规则基本上没有什么感情色彩,就像遵守红绿灯交通规则一样;而选择遵守隐性规则却带有强烈的感情寓意,纯属个人意愿。我认为遵守习俗会使生活充满可预见性,令人满意;而违背习俗会使我们背负隐隐约约的负疚感,圈子里有人不遵守习俗就会令我们大失所望。在无序的世界,习俗的节律给我们带来舒适感:就好比我们早已习惯了感恩节吃火鸡,当有人在感恩节建议吃金枪鱼三明治的时候,我们才会意识到早已养成吃火鸡的习惯了;就好比直到有一天我们无法再给远方的父母打个电话,才会发现自己早已习惯了每周给他们打个电话。

  隶属于某种文化的成员之间彼此认同(来自拉丁语,指"再次相识"),往往是由于他们共同认可隐性规则而结缘。中学里的青少年亚文化圈[4]往往涉及一系列宽泛的内容,包括流行语、服饰、娱乐、食物、音乐、社会责任、学习习惯、休闲方式、就业倾向、关于作弊的态度、饮酒习俗、求偶仪式、权威等级等等。这些因素使亚文化具有一定的凝聚力,对成员会产生熏陶作用,也会让非成员产生神秘感。在亚文化习俗的框架下,青少年往往会包容个体差异。例如:有人像大兵一样满嘴脏话,而有人在每个动词或名词前都会加上英语单词"like";有人身穿嬉皮士服装("蹩脚的蓝色衣服"),而有人选择重金属乐爱好者服装("蹩脚的黑色衣服");有人喜欢听重金属乐,而有人则喜欢唱福音赞美诗;有人已经堕胎两次,而有人却发誓要做禁欲主义者;等等。总之,某一个人成为亚文化群体的成员并不是依赖于外表或者习惯的某一个方面,多种风格和习俗的共同作用才会使一个人得到同伴认同(或理解)。我认为青少年可以包容他们不同的个人风格变化,但不允许有人效仿成年人"群体"。如果一个同龄人坐在咖啡厅里,西装革履,一边津津有味地吃着通心粉和奶酪,一边赞美歌手韦恩·牛顿(Wayne Newton)的美妙声音,那么他就会被所有的青少年圈子孤立。他们躲他要比躲白鞋白腰带的品位差的时髦中年男人还快。总之,青少年亚文化的显著特征在于"非成人"文化,他们认为必须在举止、言谈、衣着、信仰等方面与成年人不一样。这一点可以在我做调研的学校里得到印证,有的学生从一所学校退学,转到另一所学校(确实有人这样做),没有引起人们的注意,最终却完全融入其中。倘若一个成年人想融入其中(我尝试过),和他们一起听课、吃午饭、做游戏,则会成为大家好奇的对象。虽然学生们最终会习惯群体中的成年人,对她很友好,甚至会用他们的方式表示欢迎,但是他们绝不会邀请她观摩他们神圣的仪式(同伴谈话),因为成人会使这种仪式发生剧变。(要在青少年的地盘上与他们进行长时间交谈,成年人必须事先安排,而且本质上是成年人引导的对话,与学生同伴间的对话有质的区别。)

　　青少年亚文化会影响学生关于学校的认知,具体程度因人而异,但总体来说影响很大,就像环境决定爱斯基摩人对雪的认知一样。几个月来,我从学生的反馈中发现学生亚文化的威力实际上超过了学校的课程,换言之,亚文化吸引了学生更多的注意力,深受学生拥护。一方面,课程有时会中断。比如:有时候课堂会换到报告厅,由嘉宾给学生发表即兴演讲;有时候会因暴风雪而取消上课。而且,学校大多会在下午三点半放学。另一方面,亚文化的威力从来不会停止,其实在课程之外,亚文化时时刻刻都在起作用。中学生认为他们还不是成年人,因此,无论是在工作中、在家里,还是与朋友相处,他们的谈话中都会流露出这种观念。有人认为中学生亚文化非常复杂,不逊色于包含 200 门课程的学校课程目录,实际上,我认为亚文化更为复杂,它靠规则驱动,而这些规则是由所有的成员经过反复试验而达成的默契。例如,根据亚文化规则,一旦老师要求学生安静地听课,学生就会感到厌倦;而如果学生希望老师对他们要求严格、密切关注他们的进步,那么就打破了其中的亚文化规则。从这个意义上说,英语老师 E 老师(第二章)、生物老师 M 老师(第五章)、西班牙语老师 A 老师(第五章)和化学老师 H 老师(第五章)都做得很棒。换句话说,这条亚文化规则不适用于他们所教的班级。还有一些其他亚文化规则,比如,老师的宠儿被同龄人蔑视,忽视同伴"轻微的拍马屁"行为,不同帮派之间相互排斥,衣着考究的盛装派("永远穿戴整齐去上学")与邋遢帮(看上去很糟糕)却能和平相处("我有很多各种各样的朋友们")。青少年学生默默地学习、发展这些亚文化规则,对其关注程度超过了我们设计的任何课程。我认为,热衷于改善学校教育的人如果忽略了这一点,那么后果堪忧。

教育学家对于学校教育的期望(教学与课程设置)和学生的感受(亚文化)形成了强烈的反差,这一点可以从梅勒妮的哀叹中得到印证("不能确信自己是否真的学到知识了")。大人们忙着"传授"知识,青少年学生却不急于"获取"知识。成人开发的课程标准与青少年的关注点总是不合拍,这是自学校教育存在以来就长期存在的问题,显然,二者之间的差异是责任与角色之间的差异。由于存在这些差异,教育工作者一直在积极改革,努力使课程与学生生活相联系。然而,我认为添加课程门类并非解决学生叛离的有效途径。实际上,孩子们并不是真正想叛离学校,大多数孩子喜欢待在学校里("我喜欢学校,你知道吗?我在学校里知道了周围正在发生的事儿!")。学生对教学不满,或者说对课程的内容不满意。教育工作者也知道有些东西无效(如果没有其他信息渠道,至少会在家里听到自己孩子的反应),于是他们花费大量的时间与金钱,设计出更为现代化的课程目录。有些变革很奏效(学校开设计算机课程已经常态化,中学生毕业时能够掌握娴熟的计算机技能,而他们的父母必须通过集中学习才能达到同等水平)。不过,我发现学生一如既往地抵触学校教育,中学生亚文化强化了"学校是累赘"这一观念,他们认为所有老师都不同程度地惹人烦、讨人厌,对学生漠不关心,一味地强迫学生学习。

在此,我想提醒大家一下:当前的学校教育改革方向错了,我们不应该在旧课程中不断增加新课程;而应该多研究学习者,研究如何更有效地吸引学生。为了实现这一目标,我们需要重新审视一直以来严格奉行、广泛实施的信念:老师传授知识,学生接受知识;老师讲,学生就能学会。

记忆要求

"我完全可以背诵这些东西,得个好分数。但是,我不愿意去背诵。"

——理查德(Richard),11年级[5]

"清晰的记忆是语言赐予人类的礼物,是过去的自己对现在的自己说话。"

——阿尔弗雷德·诺思·怀特海

和许多人的观点一样,老师一般认为知识独立存在于学习者之外。这样,只要有强烈的意愿,知识就可以从一个人传递给另一个人,即使这不是轻而易举就能做到的。有效的教学必须做到清晰、连续、有条理。这些教学特征令人称赞,这是对一个好的教学幻灯片演示的要求,但是良好的课堂教学如果只具备这些特点,则远远不够。如果知识可以传递,那么老师就成了考古学家——满怀激情地勇往直前,发现一个文物,编写目录,然后传递给下一代,青年学生则沿着老师的学术台阶攀爬。一个人接受教育就是获取数量持续增长的文物名单,将其作为珍品装进"智慧双肩包"里。但是,这种学习肯定很肤浅,不断重复的过程令人沮丧,即获取—测试、获取—测试、获取—测试。另外,这个过程也令学生焦虑,因为他们必须不断扩充"智慧双肩包",无止境地往里塞东西["(老师)总是试图往我大脑里塞东西,不过脑容量不够了!"]。学生关于机械性学习过程的比喻虽然听起来很刺耳,却传递了一个信息——他们的学习态度就是强迫自己把知识塞进大脑这个容器里。显然,这种把大脑当成知识容器的态度(所谓的"特百惠"教学法)是学校教育的结果,学生在入学前肯定不会有这种想法。在上学以前,小孩子就已经掌握了复杂的语言特征,例如时态、代词、修饰语、限定词、主谓一致、非限定性动词结构的标记(5岁孩子的最低词汇量平均为2 000个[6])。孩子们在不知不觉中系统地掌握了复杂的语言交际模式,学会了很多恰当的社交礼仪。入学之前,孩子们就已经完成了一生中最重要的学习任务,但没有任何一个成人曾像学校老师那样教导他们:我现在教你一些语言知识,和你之前与熟人交谈的语言略有不同,以后你会用纸和笔向我证明你掌握了这些知识。年幼的孩子一旦成为小学生,他们就必须向陌生人展示他们掌握了这些陌生人要求他们掌握的知识。[7]在他们小小年纪时,这种计量性的考评制度就有力地塑造了他们对学习的理解。学校早早地让学生明白一定要刻苦学习才能学会知识。他们刻苦学习的确能学会!然而,这只是整个学习画面的一部分!学生还可以通过感官来学习,通过激发自己的想象力来学习,通过积极的情绪体验来学习,通过和他人无数次的对话来学习[8]。克雷斯韦尔(Creswell)这样写道:

"知识存在于人的理解中,人们通过讨论获得知识。知识受个人偏见和价值观的影响。知识的掌握是极其个性化的;知识不断发展,推陈出新,与学习知识的语境密切相关[9](这一点需要重点强调)。"

在学校里学习的知识不可避免地与课程考试这个背景相关。

要求学生背诵记忆往往会满足那些成人的愿望,即可以向别人证明学生的学习效果,尤其是要和同龄人的学习效果相比较。但是,记忆不能满足青少年学生的愿望,他们天生喜欢学习、善于学习。一切本来无可厚非,可是学生会逐步相信学习的目的旨在向别人展示,而非对自己真正有意义。最终,学生努力学习那些可以向人展示的必修课程(实际上,他们确实选择充当学生的角色)。要是他们愿意(能够!)把精力投入到阅读、写作、反思、实验、创新、发展(克雷斯韦尔之用词)等方面,而不是必须把精力用在为周五的考试死记硬背,担心各种"临时测验"该有多好啊!可是,现实是到了11年级,学生会用完全"可操作的词语"来描述自己的学习成效:能背诵或默写出来的内容就是学会的内容。而且,他们也逐步认识到一些课程没有绝对的"真理"或正确答案,盲目地认为若老师鼓励学生提出自己的观点,课程标准就降低了,他们误认为没有标准答案,就可以随意凑合!(我们在第二章中曾经提到,尽管老师鼓励学生进行课堂讨论,但是考试的时候仍然会以老师给出的答案为标准答案,因而学生就会对所有的人文学科产生一种玩世不恭的态度。)到了18岁,经过12年习以为常、吊儿郎当的学习和应试,学生在大学里只喜欢那些仅仅需要听课和记笔记就能应付的课程,我们称之为技术性知识[10],即可以广泛传授的知识。因此,有位教授发出强烈呼吁,他要让学生明白个人的理解和质疑不仅有益,而且是每个人成长过程中必不可少的能力,甚至(尤其)教授也一样。在那部里程碑式的关于思想和心理的著作里,格雷戈里·贝特森(Gregory Bateson)描述了他所教的精神科住院医生班级里的学生,这些医生已经完成了12年中小学教育和8年高等教育。他的叙述阐述了两种学习模式的区别,即把学习当作记住一些广

泛传授的知识和把学习当作一个不断发展、建构知识的内化过程:

"这些住院医生会兴趣盎然地来上课,很认真听讲,可是每年上过三四次课之后,就会有人问这样一个问题:这门课到底是讲什么?……渐渐地,我发现自己的思维方式与他们的思维方式不一样,这种思维方式差异让我很难回答他们提出的这个问题。一个学生的提问让我发现了思维方式的差异,当时我第一次给这个班上课,谈到了英美文化的差异——英国人必须给美国人讲文化人类学时应该涉及的话题。下课时,一位住院医生走上前来,他瞥了一下四周,确信别人都已离开,然后犹犹豫豫地说:'我想问您一个问题。''好啊。''您想让我们学习您讲的内容吗?还是这只是一个例子,用来阐释其他观点?''对啊,确实如此!'"[11]

尽管这只是偶然出现的一个例子,却表明这位住院医生并不比17岁的梅勒妮强多少。梅勒妮认为自己应该只学老师讲的内容,意识不到她应该培养自己发现知识关联度的能力,没有学会权衡证据、寻求不同的解释。怀特海曾抱怨:"英国著名的大学拥有绝对权威,它们就莎士比亚戏剧对学生进行测试,在某种程度上摧毁了学生的学习乐趣,应该被指控犯有'心灵谋杀'罪。"[12]事实上,许多老师都要求学生掌握他们讲授的内容(随后会进行"测试"),而不希望学生(欣赏)诠释这些内容。

通过早早地将幼时自然学习的过程转换为满足成人需要的机械记忆式学习体验,学校教育成功地将人区别于自然界其他生物的神奇的学习认知能力大大削弱(因为我们本身就知道自己懂不懂得,不需要陌生人设计的考试来验证),并且把学习变成了一件让人厌倦的任务。"心灵被谋杀",换言之,学生发现线性思维方式和归纳推理(有人称之为头脑简单)会受到表扬,而直觉思维和自由翱翔的好奇心(有人称之为思维混乱)却得不到鼓励。诚然,线性思维与直觉思维这两种方式都有益,都是合理的思维方式,二者在不同环境下是相辅相成的[13]。然而,现在的中学考试只侧重一种思维方式,而忽略另外一种,或者把另一种留给课外活动。当然,我们一致同意,技术性知识在现代社会是必需的知识。例如,乘法口诀表就像旧的暖气片一样持久、耐用。通过要求学生学习技术性知识,老师实现了另一个教学目标——学生学会了非常重要的自我约束。那位深受学生欢迎的生物老师M老师(第五章)以任务大师闻名,他要求学生从头到尾记忆鸟类的幻灯片,选他课的学生总是爆满;他热爱科学、关心学生的成功,所以学生们和他在一起很愉快。

有意义的学习对学习者来说很重要,当然,有意义的学习涵盖技术性知识,强调学习对一个人生活的重要意义(学习驾驶汽车既是掌握技术性知识,同时对青少年来说又是很有意义的学习经历)。这里的"重要意义"[14]并非指实用性,而是对于孩子过去、现在和未来生活的价值,也就是说,不仅有用,而且具有认识论层面的深层次哲学价值。凭直觉欣赏音乐、隐喻、诗歌、戏剧是有意义的学习;参加礼拜仪式、梦想未来,甚至神秘的体验都是有意义的学习。这种学习会留下记忆,因为它是(用一个比较贴切的词来说是)亲身感受[15],能够给学生带来独特的体验——知识、情感和生理体验。鉴于学生丰富的想象力,这将改变她对自己过往经历的看法,使她对未来拥有崭新的期盼。另外,有意义的学习也可以通过感官来实现,艺术家和礼拜仪式的参与者对此更为熟悉。教育学家金(Robert King)这样评论道:

总是考没有学过的——美国青少年的哀叹带给我们的反思

"我记得一位朋友在艾奥瓦州学美术专业,他讲述了个人的一次经历。课堂上,教授在向学生描述一个节日,一个中国或者日本的节日——盛大的狂欢节,教授讲得绘声绘色,他说其中一项庆祝活动是互相把一包包彩粉往脸上扔!我的朋友听得入迷了,他呆坐在教室,想象着节庆的欢闹、缤纷的色彩和奇异的节目。当他从兴奋的'幻觉'中回过神来,环望四周,发现所有的同学都在认真做笔记,在笔记里记录'他们向彼此脸上抛掷一包包的彩粉'。他没有参加实际的节庆活动,却体验、感受到了节日的气氛,这种通过感受才能领会的东西,不同于传统意义上的'学习'。"[16]

如果课堂上仅此而已,那学生关于节日狂欢的认识则非常有限,老师应该提出一些发人深省的问题,让学生在课堂上展开激烈的讨论。目前,学校教育存在的问题可谓老生常谈,课程大纲里的"一包包彩粉"硬生生地变成学生的阅读和听讲任务,再也没有学生亲身体验的节目了。(从什么时候开始学校变得让人生厌?早在4年级?5年级?这种状态往往会持续十年之久,直到学生可以为上大学挑选专业,毕竟选专业令人兴奋,能够激发想象力。)解决问题的出路在哪里呢?我们不可能把课堂教学完全变成艺术或者宗教的体验,如果改变太大,学校董事会不认可,那我们就会失去工作。我们需要改进教学方法,让每个学生都可以更多地参与[17]课堂活动,新的教学方法要求学生探究知识、应用知识("我认为只有当你发现某种知识适用于你,你才会学到更多!而且你也才更愿意学习……学到的知识也会更持久")。怀特海曾说过,要早点获得知识,运用知识。我认为在学校很难按照他的这个忠告去做,因为青少年亚文化中有一条不成文的规则是反对全心全意遵照学校的正规教育体系要求,而学校教育体系的护身符就是课程大纲,委托代表就是学生视作敌人的老师。

教育哲学家,如卢梭[18]、怀特海[19]和杜威[20]都曾经指出亲身体验是获取知识的根本基础。值得一提的是,这三位杰出的思想家都是在乡村长大的,卢梭在法国乡村,怀特海在英国乡村,杜威在美国佛蒙特州度过了自己的童年。玛可辛·格林(Maxine Greene)[21]认为他们清晰地记得童年在乡村生活中实实在在的经历,尤其是卢梭,他认为学校干扰学习,他的作品中虚构的人物"爱弥儿"及其家庭教师一直躲避腐朽的学校教育,直到青少年时期才有所改观。杜威坚持认为学校教育应该与生活密切相关,而不应该与生活割裂开来。怀特海本人直到14岁才踏进教室,作为成年人,他蔑视那些"了解所有大气层知识却错过落日余晖的人"。[22] 100年之后,沃克·珀西(Walker Percy)代表中学生发出以下警告:

"一个学生渴望了解狗鲨或者莎士比亚的十四行诗,但是学校把它们装在教育这个大包裹中,学生就很难从这个大包裹中探囊取物。崭新的课本、漂亮的印刷字体、芬芳的纸张、明亮的教室、铝制门窗、冬日的天空、霍金斯(Hawkins)老师的个性等等,所有这些媒介因素结合起来本是为能传递一首十四行诗的生命力,但是并没有,这些媒介因素传递的只是媒介本身。只有最用功、最聪明的学生才能从这华丽的包裹中拯救一首十四行诗,而且只有个别出类拔萃的学生才能真正理解为什么需要从这个华丽的包裹中拯救一首十四行诗。"[23]

现在的学生很难构建起他们个人对狗鲨或十四行诗的鉴赏力,因为"学校教育封在玻璃纸里面"。现如今,经过下面的两次剥离,学生根本接触不到要学习的对象。首先,学习对象已不再生存在自然环境中了——狗鲨从大海里被捕捞出来,牢牢地钉在解剖板上;莎士比亚的十四行诗被塞进一本厚厚的诗集中,夹在乔叟(Chaucer)和丁尼生(Tennyson)的诗歌之间,因此学生可能接触到狗鲨或十四行诗,自由探索其特性(发现性学习)的机会就受到时间和教育资金的限制。其次,被"塑封"的课程都是按照专家理论编写的,学生了解的是有关专家的言论,也就是说,学生学习的是别人代替自己发现的东西。

学校教育的"成功"之处在于使熟悉的东西变得陌生,目的是将个体培养成为学生群体中的一员。理想状态下,教育把一个学生新的经历放在她已有的知识经历的大背景下,通过比较构建新知识。不幸的是,学校把这一切做得过于完美,迅速从具体过渡到一般,将"课程 X"的学习要求抽象化,以至于使该课程的价值大打折扣。经过 10 年的在校学习,学生意识到相较于专家关于这些课程的论点而言,课程大纲中的课程内容反而显得不真实、不正宗,课堂学习变成对某些人的观点进行例证。我认为这是学校教育的一种损失,一种双重损失。首先,学生失去了自主理解权(因为他们依赖老师和教材作者的观点),完全听从于老师和课本,而且把对专家观点的熟悉程度作为判断自己在学习上成功与否的标准。其次,学生对自己个人的发现丧失了信心,而这些发现其实对老师和学生都很有价值。如此这样,学校课程的"打包塑封"在所难免,结果就是数百万名中学生将错过与狗鲨真正相遇的机会(浪漫的卢梭 200 多年来已不复存在)。令人讨厌和不可容忍的是学校在神化这种包装,而忽略了自己的学生。

矫　正

"我的日常生活是这样的：我鼓励自己坚持下去，不要崩溃。无数的事情摆在眼前，我只能提醒自己一件一件来做。每日没有丝毫空余时间，日常事务耗尽了我所有的精力，再也没力气干别的事情了。"

——鲍比·安·梅森（Bobbie Ann Mason）[24]

"对个人经历的解读决定一个人在世上的所作所为。"

——阿尔弗雷德·诺思·怀特海[25]

课程大纲与曲棍球比赛究竟有何不同呢？曲棍球比赛中可以用新队员替换动作缓慢的老队员，而课程大纲则不然。如果"授课就是传播知识"这样的观念不改变，那么仅仅对课程大纲进行现代化（一切以计算机为辅助手段）修订将无济于事。当代哲学家罗伯特·布鲁堡（Robert Brumbaugh）曾写道："从实用主义角度来讲，很难想象诸如可移动桌椅、多包容学生行为等一些微不足道的改变能改善学校教育效果。"[26]挪动课桌、容忍学生的行为也许会对学校的现状有所改变，但是，如果要进行真正的结构性改革，则需要学校各方作出共同承诺；否则，这些微不足道的改革将很危险，它将诱导老师误以为课堂教学的新纪元（New Age）已经到来，使其陷入被动。在社会空间发生的人际交往是一种非常自然的现象，一些顽固的传统派却认为这有悖于"真正"的学习（因为学术研究应该独自完成，或者至少应该安静地学习）。不过，大多数老师都能容忍这些改革措施，认为在某种程度上实现了两个目标：一个是表明他们与时俱进,超越了19世纪的教育理念;另一个是保证学生对学习环境有更为积极的反应("如果不能在课堂上和课间和朋友说话,我就会憋死,就会神经错乱!")。[27] 20世纪90年代,小组活动与合作学习已经成为公开的课堂活动,我本人在观摩的课堂上每天都能看到很多这类活动,不过这些课堂活动的组织常常不够周密("把桌子搬到你自己愿意的地方吧,我无所谓"),以至于小组很快就脱离于教学任务之外。如果学生要颠倒着看彼此的作业,那怎么能期待他们互相帮助、解决数学难题呢?这个例子充分说明所谓的有效解决途径(小组活动)实际上使得"问题"(数学学习)变得更糟糕,很可能学生不会再认真对待这门功课。我们发现学生在教室里四处张望,看到其他小组的成员不在讨论数学题,他们也就跟着放弃不学了。此时,非正式的亚文化就会乘虚而入。如今,老师如果想在课堂上取消小组活动,那他就会遭到学生反对,原因是学生乐在其中("和朋友们在一起,能让我摆脱紧张情绪")。说实话,老师可能希望那些反应快的孩子用他们自己的独特语言向反应慢的孩子解释一下所学内容,同时,大家还学会了合作。不同层次的学生都学会了合作——过于理想化的课堂合作,其真实的效果未免令人怀疑。

或许,效果真的很好。随着教学改革的推进,小组合作学习让我想起了福克(Falk)提出的"迪士尼后现代主义(Disneyland Postmodernism)"[28],这是一个他用来描述新纪元运动的术语,即提倡无须经过不愉快的过渡就可实现心灵拯救的宗教运动。小组合作学习也属于后现代主义范畴,因为小组合作反对课堂竞争,不过充其量也只是一种过渡性愉悦(学生可以彼此交谈——对他们来说,上学的真正好处)。即使老师在课堂上实行小组合作学习,而班级文化的凝聚力仍然来自学校的强迫教育,那么小组合作学习的效果肯定会令人很遗憾。因为学生接收到了一种双重信息:"如果你还小,你就得与人合作;当你长大了,就不再需要合作了。"一个人接收了这种双重信息后即使不会产生精神分裂,他至少也会像心理学家贝特森(Bateson)[29]所预言的那样,成为愤世嫉俗者,最难教化的一族。我想,如果"校长—老师—学生"这种传统的等级关系依然存在于学校教育的所有"重要"因素(规章制度、课程计划、教学内容、学习成绩、教学资源)中,那么,学生在哪里可以目睹合作关系,进而产生模仿行为呢?"按我说的去做,不要按我做的那样去做",这种学校教育法则只会培养出困惑不解、不尊重他人的孩子。

就学习理论而言,移动桌椅并不能改变教育家头脑中的基本概念,即学生和老师彼此脱离,师生与教材脱节。布鲁堡称之为学校的"隔离层"——让愤愤不平的学生感到彼此之间没有任何联系,让所有人彼此孤立。知识传授过程仍然被认为类似于无线电波信号的传递过程,即由老师发出嘟嘟响的信号,25个不同的设备完整地接收到相同的信号[所谓的马可尼认识论(Marconi Epistemology)]。但是,这种观点没有考虑到一个事实,即信号的接收者是25个不同的、思维活跃的小马可尼,每个人急不可耐地对信号进行重新加工,把接收到的信息与个人经历联系起来。不仅如此,若"无线电"由4个人组成的合作小组操控的话,那么按照珀西的说法,已有的知识将会对学习者产生决定性作用。[30]

为了确保学生重新构建新知识的独特方式从根本上得到尊重,我提议首先要为他们提供新体验或者新信息(切记信息不是知识,信息经过诠释之后才成为知识),然后再让学生真正展开讨论。

人类历史上最伟大的老师苏格拉底（Socrates）教导我们应该采用这种教育方式。可能有人会说我的这个建议没有必要，是白费力气，他们认为小组活动就能满足学生对所学的内容进行彼此交流的需求。但是，我的建议是合作小组应该更大一些，而整体的班级必须更小[31]，这将有益于培养学生的社交能力，提高教学效果。实际上，整个班级作为一个合作小组的话，老师可以更好地发挥组织协调作用。[32]目前，一个班级24个人，分为6个4人小组；更为典型的情况是，一个班级24个人，一位老师在讲课，8个学生在听讲，12个学生在干别的事情。我建议将班级的人数减少到12至15人，全班同学一起进行讨论；教师引导，学生发言，人人听讲，共同参与课堂活动。如此一来，班级的形式、人数和座位安排都会发生变化，班级功能就会得到加强，所谓的隔离层也会随之消失。这种严重缺乏哲理的观念，即学生全盘接受老师发送出的知识，也会发生改变。

用一个听起来很简单的方法（小班讨论课）来解决一个大问题（学生不参与课堂活动）与导致城市衰败的"破窗理论"[33]类似。该理论认为，如果某幢建筑物的一扇窗户破了，无人修理，就表明没有人在意这件事，不久，所有其他的窗户也会被打破。研究表明，一些"微小、被忽略的行为"会导致社区管理大面积失控，即城市衰败。因此，把第一扇破窗户修好，整个社区就会保持良好的秩序。我在调研中发现，在一个20至25人的班级里，中学生会抓住机会做各种小动作，而老师却注意不到。比如，学生会在课上做其他课程的作业、看其他书、交头接耳、眉来眼去、写小纸条、梳头发、上妆卸妆、睡觉[34]、做白日梦、发泄压力、搞恶作剧、作弊、说话、"压低声音"与同桌海阔天空地聊天。课堂上，开小差学生的比例不必太高,就会引起课堂纪律涣散,学生开始捣乱,破坏课堂讨论的气氛("实在很难在一帮心不在焉的同学面前开口发言")。课堂上,从未出现过真正的讨论。一般情况下,劳累过度的老师往往只讲给兴趣十足的学生听,同时对那些兴趣寡然的学生进行训斥和吓唬。这种二异状态会逐渐导致老师筋疲力尽("8年级时,我们曾经把一个理科老师逼得辞了职。我其实并不是一个过分的捣蛋鬼,可一旦有人怂恿我,就会做出很出格的事儿"),或许只有当老师和学生面对面地坐在一起,能看见彼此、听到彼此的声音,才可以避免这种灾难。如果12个学生坐成一圈,就会集中精神,很有礼貌;如果老师能够看到每个学生的面孔,听到每个同学的回答,学生就不可能漫不经心,老师也不会被激怒了。在我观摩的三所学校中,我只看到过一个班级的课桌摆成里外两个圆圈,每个同学的座位都面对着其他同学。(我注意到那些"自以为"表现不佳的学生选择坐在离老师较远的外圈。数学课上,学生似乎都被老师吸引住了注意力,尽管每个学生掌握数学知识的程度不同,但他们都认真听讲。)这堂课看上去很像一堂示范课,授课老师非常受学生欢迎。老师讲解完之后,学生开始做练习或者"课堂作业",邻座同学可以自由讨论数学问题,没有人开小差。后来,有一天,我们又走进这间教室,由于其他班级占用本教室考试,课桌都按传统方式排列成行了。学生对此感到很不开心("为什么课桌摆成了这样啊?"),于是他们迅速将课桌恢复成圆圈形式,很释然的样子。

　　小班教学的另一个好处是可以减少对学生的测评次数,从而更全面地对学生进行评价。评价次数虽不多,但更重要。对学生和家长而言,评价的内涵丰富了。用文字记录学生的进步,如果没有什么文字记录,那就会提醒各方应该采取措施以有所改进。我认为学校教育最成功的是小学教育,而这并非巧合。事实上,小学生的成绩报告单(不使用字母等级的成绩单)真实地描述了学生所取得的进步。美术专业的学生也会得到个人作品的描述性评价,包括字母等级和语言描述的评价,对学生的绘画基础、作品水平以及专业要求作出综合评价。如过只给艺术生一个成绩"B"而不提出任何改进的建议,那么这个分数则毫无意义("她评分很严格,却没有给出批评性建议。这两者是不常不同的")。通过对一个班级的学生进行比较,给学生一个能获得奖学金的高分数,却不针对学生的具体情况提出个性化的改进建议,这对学生的进步有什么意义呢?这一点值得我们深思。

在整个观摩调研期间,我都坐在教室的后排。懒虫学生、忙得顾不上学习的学生、课堂恶作剧者一般都会坐在后排,因为喜欢某一门课或者想得高分而认真学习的学生一般都坐在老师的眼皮底下。这样的班级里同学心不齐,没有凝聚力,每天都会给老师带来不少挑战,令老师头疼不已。我认为,中学生亚文化暗流加剧了学生中间热爱社交或者学术的分裂程度;亚文化群体对课堂教学抱有怨言,甚至会谋划抵制教学,其严重程度取决于班级领头的同学及其对学习的漠视态度。亚文化就像一艘天下无敌的旧装甲舰,虽遭受打击,却照样航行(受的打击越多,就越勇猛)。中学生亚文化具有独特的完整性,它不希望老师加入其中,在各个方面都和老师不一样。老师应该是专业人士,受过良好教育,年纪较大;而亚文化群体则很随意,受教育不多,年龄小。只有两者有鲜明的对比才能凸显亚文化。我并非建议在教室里建立一个全新、无所不包、跨越代沟的师生联盟,我认为学生也不会赞成这种建议,因为他们对试图与学生打成一片的老师非常警觉。学生希望只参与他们感兴趣的课程活动,而在其他课上则巧妙地蒙混过关。我建议将班级改为研讨式的小班[35],每个班12至14个学生,老师和学生面对面坐在教室里,了解学生,关心每个学生的功课准备情况以及对教材内容的掌握程度(注意"了解"并非指"测试"),这样老师和学生就会感受到共同参与的力量。总之,通过师生互动,学生得以掌握教材内容[36],倘若在学习过程中能够拉近师生关系的话,那就达到最理想的状态了。我的这个建议既不新颖,也不复杂,但是代价却很高昂,因为需要增加大量的老师。不过,我认为这种高昂的代价是值得的。在现行教育体系中,太多的学生穿着硕大的"漠然之靴"游走于课程大纲之外,简直就是浪费资源。哲学家先辈们认为实现教育目标的第一步就是参与教育过程,因此老师完全有权力、有责任阻止那些干扰学生参与课堂活动的小动作。

篝火晚会式的圆形课堂会使学生全程参与学习,实现了课堂的新功能,而且老师也会不可避免地更加投入课堂教学,这样老师不负责任的问题也能迎刃而解。崭新的课堂参与规则将会改变师生关系,而令人讨厌的"教师的宠儿"现象也会随之消失。因为学生之间更加了解彼此,师生之间也更加熟悉彼此,所以师生之间、学生之间就会更加亲近。这将给老师和学生带来一种新奇的体验:彼此的声音不再陌生,每个人的不同学习方法都会得到尊重。他们可能不会再以貌取人、相互猜忌,随着彼此越来越熟悉,因穿衣打扮带来的社会阶层差别会越来越小,正如多元文化论声称的一样:你越了解一个人,就越不会盲目地把他划归为某一类人。在人人发言、人人聆听的课堂讨论中,学生最终学会机智敏捷地应答,而这种技能与记忆同等重要。实际上,师生间的这种互动每天都出现在学校里,在课外小组活动中师生之间平等对话,而非故意卖弄学问。比如,一个老师带领一支球队、导演一部戏剧或者指导一组学生编写年鉴时,他与学生之间的互动方式与课堂上的完全不同。理想的情况下,下午3:30放学以后,老师的领导风格虽然强势,但是尊重学生的观点;而学生参与课外活动的积极性很高,且非常尊重老师的权威。我们一致认为,学生学得最好的一些东西是在课外活动中学到的[37]。(一所常青藤大学对一群满怀希望的申请者说,由于75%的大学教育是在课外完成的,因而大学将很多资源投入到社团和俱乐部活动中[38]。)对此,学生们也心知肚明("如果你不参加任何课外活动,高中生活就没有什么意义")。是否有可能在放学后,学生的亚文化与"课程大纲"更好地融为一体?是否有可能在课外活动中,非正式的亚文化与正式的课程大纲相互补充,甚至相互强化呢?是否有可能在课外活动中,老师与学生相互融合,共同合作,努力成功?我们记得,所有的学生都说"学校里最美好的事情"就是"与朋友交流"。我想老师放学后可能会利用学生间的愉快交流(同龄人间进行交流)开展有意义的活动(例如,出版报纸),对学生更为关切或者做事方式更为民主,在课外活动中真正教育学生。[39]

当然,很多人可能会反对在中学进行小班教学。学究派希望继续目前这种令人疲倦的教学方式:上课时,老师将知识一点一点地施舍给学生,就像从阁楼的百宝箱中取宝一样。老师们也会安排一次课堂讨论,或者设计一个学生体验环节,而学生们知道这些活动的形式大于实践,因为老师与学生一起探索知识的教学方法会有风险。例如,如果学生问到一些与其他课程有关的问题怎么办?或者给出老师意料之外的答案又该怎么办?实际上我坚信那些真正热爱教育工作的中学教师会觉得教学的乐趣和新意正是在于教学过程中的不可预见性,在于教学过程中老师能够不断学到新东西。怀特海告诫我们:教育失败的主要原因在于一成不变。[40]然而,老师们似乎把他建议的治疗与诊断方法弄混淆了。

很多高中生可能会因为要参与课堂教学而对我的建议不满,因为他们宁愿选择不参与课堂活动["(我的)上一篇小论文简直就是胡言乱语!我和坐在我前面的同学都是乱写一气"]。为什么我们要解决一个对这些学生来说根本不存在的问题?他们已经习惯了随心所欲地参与课堂活动,也就是说,他们只参与个别感兴趣的课堂活动,为此会准备充分,精力充沛。倘若老师和学生坐在篝火晚会式的教室里,双方就必须要考虑到教室里的所有人。这是我所能想象出来的最佳课堂学习方式。我相信,学生们会发现人人参与其中的课堂教学会激发他们活跃的思维(感觉像学徒在学手艺,不再是"特百惠"填鸭式教学方法),大家在课堂讨论的过程中相互熟悉了,对各自的观点、才华、性格癖好和人生动机有了更详细的了解。我们都为此感到欣慰——学生能够在课堂上对彼此深入了解。

不过,纳税人很可能会对雇佣新教师进行小班教学产生的巨大费用感到愤怒。针对这种反对声音,我的答复就是:目前的中学教育其实就是浪费金钱,因为即使在最优秀的学校里,也无法保障学生上课时会认真听讲。我们把孩子送进学校,并不意味着他们会在学校里好好学习;我们可以强迫他们去学校上学,却不能强迫他们在课堂上认真学习。更何况有些心理不正常的学生可能会在大的学习环境中变成危险人物,因为老师没有足够的精力来关注他们是否合群和患有精神错乱。目前,中学里典型的授课方式使学校与社会脱节、学生与课程大纲脱离、老师与学生分离,这会对所有孩子的学业和社交能力造成危害。因此,我建议所有的家长花费一整天的时间,跟随孩子在高中校园度过一天:跟在学生后面,每55分钟换一门课,换一个新老师。这样整整一天下来,会接触总数120个以上的同学和老师。家长是否感觉每一堂课都能够精力充沛?恐怕往往都会没精打采地坐在后排,看着老师在上面讲课,学生在下面聊天(你要做好心理准备);看着有的学生在课堂上做白日梦,惊奇于他们各种各样的小动作;计算老师在课上提了多少次考试以便学生能坐好认真听讲,数一数老师提问的次数以及有多少次没有得到学生的回应。届时再请纳税人作出决定:就目前的中学教育现状,你的钱花得值吗?

不论在大学里学的是什么专业,我们所有的中学老师都辅修了一门"学术超然",学会了漠视个人情感、主观性以及个性特点。大学教授擅长于传播知识,为我们树立了活生生的好榜样。教授们运用事实进行例证,推理出一般规律,排斥个别案例;他们往往无视个人体验,而用枯燥、浮夸、晦涩的语言对知识进行理论包装和覆盖。在一个有回音效果的大阶梯教室里,老师站在讲台上,数十位学生坐在座位上,这样的课堂有何意义呢?阶梯教室里的座位设计把学生以及他们的个人经历拒之于课堂之外,因为学生的个人经历往往充满感情色彩,而感情则意味着不理智。然而,学术圈里不强调个人感情,研究者对研究对象进行观察和计算,然后把自己的发现呈现给拭目以待的同仁。在高等教育领域,大家都追求这种直截了当、先观察后分享的学术研究模式。一些崇尚学术研究的教授会提炼出最重要的研究成果,在课堂上与学生分享,并作为乏味的考试内容。

在市场营销课上,未来的零售商们学会了要尽量减少顾客与商品之间的障碍。对于销售来说,关于楼梯、厚重的大门和上锁的玻璃货柜的一些想法都很糟糕,因为顾客会在自由走动中产生购买的冲动,而多走一步就会多一份思量。但是,在大学课堂上,讲课人往往都站在讲台上或者讲桌后面,而所谓的"顾客"——学生都会三思才敢靠近,甚至开口前都会想想。无论情况如何,货物最终出售给顾客了——学生安静地坐在教室里,尽力储存接收到的信息。从这种阳春白雪般的学术环境毕业的师范生,在大学的穷亲戚——高中谋到一份教职,从此满怀热情地把自己所学的专业知识传递给有抱负的下一代青少年学生。[41]然而,如果这些胸怀壮志的青少年学生恰好对师生关系兴趣十足,那么,他们的老师就会保持这种课堂气氛,并对自己的课堂组织打出满意的分数。

但是,单一教学模式的选择不仅仅是因为缺乏想象力而不敢尝试不同的教学方法,还因为高中老师处在一个很困难的环境中。由于教授们制定教学大纲的时候没有留出时间给大学生讲故事或者表达感情,所以这些内容在教学计划里没有一席之地(被各种教学准则排挤在外),而中学老师不能在教学计划中给学生留出讲故事或者表达感情的时间,则是因为课堂上的时间不够用。中学里每天的节奏很快,老师们都希望自己的课堂有条不紊,能够按计划完成教学任务,也就是说,希望课堂上尽量不带任何感情色彩。在处处受限制的环境下,感情会导致课堂这个特殊的社会结构出现混乱。[42]由于课堂这个小"社会"每小时都会更换成员(每个老师每天应该至少给120名学生上过课),[43]所以不放纵个人情感也就不足为奇了。确实不需要,情感只属于过生日、看球赛或者调情的时刻。只有谈到过去的——不是任何一天的——课程,学生才能表达自己的情感,换言之,只有课后学生才可以做自己。

高中生不能充分利用学校接受教育的原因有很多,例如工作太累,对课程内容不感兴趣,担心一些不能告诉家人的事情。最重要的是,中学生亚文化认为认真参与每堂课实在不够酷,于是他们选择吊儿郎当地混,既不积极参与课堂活动,也不会受到严厉的惩罚。违反校规会受到一系列惩罚,从放学后留校到留校察看、开除等,但是学业上不用心的唯一后果只不过是得到较低的分数。只有雄心勃勃的学生才会重视分数,可他们代表不了大多数学生(尤其是有些州的公立大学更看重高中毕业证,而不是高分),再说,学生不需要真正学到知识就能够通过考试。伍迪·艾伦(Woody Allen)[44]曾经说过:"只要不缺席就成功了80%。"一些孩子没有必要特别努力,因为老师和那些雄心勃勃的孩子会完成所有的课堂活动,然后所有人都准备考试(或许根本不做准备),大多数学生都能及格。那么,他们学会了什么?可能确实学到了一些公民的社会行为准则。我可以向学校保证,学生在学校学会了守时、遵守秩序、礼貌待人。在一个多元化社会里,这是很了不起的成就。可是,难道除了秩序之外,我们就没有责任教会他们更多东西吗?难道我们没有责任教会他们进行批判性思考、制定创造性规划、满怀同情地去做事吗?若要实现上述目标,课堂秩序可能会有些乱,也会出现嘈杂的声音(如何测试这些目标也有些棘手),而这些目标在小班却更容易实现。如同在众人合作的活动中,责任感会随着人数的减少而增强,考试的重要性也就随之降低了。倘若班级秩序变乱,那就证明了布鲁堡的观点:"学校里有一半的时间不需要太高效"。[45]我们一直以公立教育的高效为自豪,殊不知这种高效带来严重的后果——学生的批判性思维、创新能力、同情心都没能得到健康发展。目前的班级容量很大,只有最敬业的学生才会积极参与全天的课堂活动,那些成绩中等和较差的学生则因多数时间感到有压迫感、烦恼或者困惑不已,而不能有效利用学校提供的资源。他们在大多数的时间里心不在焉,不谈论课程,把主要精力用于尝试付出最少的努力而能通过考试。

我们需要设计一种课堂学习环境,以便既能包含学生眼里所有的"生活艺术"(怀特海之教育目标),也能包括社会认同的"生活艺术"。根据调研结果,学生对"生活艺术"的定义包括同龄人之间的对话、互动、娱乐、幽默和信任。试问一下:传统的课堂学习环境能在多大程度上培养这些"生活的艺术"?学生告诉我们:朋友是他们最伟大的解压者(老师让学生在课堂上感受到压力就会有所收获吗?如果老师的目标是控制一群人,那肯定是有收获的),他们在可以彼此相互了解的课堂上才能学会生活的艺术("朋友上什么课,我就上什么课")。社会关于生活艺术的定义包括理解所学的内容,尊重社会传统和社会成员。可见,教育仍然以培养一个人的道德水平为主要目标。哲学家曾说,道德教育要求人们经常目睹伟大的言行,而老师们却很难坚持做到这一点。在此,我想对教育工作者提出两个可行的请求。第一,良好的公民教育需要习惯于民主参与[如果我可以修改一条学校规则的话,那就会让(我们这些)学生在学校里拥有更多的民主]。第二,良好的人文教育要求习惯于在受人尊敬的环境中构建个性化的知识体系。我认为以"口头评论"的方式参与探索新知识就能满足以上两个请求。

在有限的传统教学日历中,教师需要在课余时间承担一些文书和守卫的职责,如果采用崭新的教学日历,以便学生在对话和讨论中获得教育,那就需要对学校教育进行结构性改革。学校管理层应该放松对学生与老师的时间限制,需要让学生有时间进行反思和付诸行动,[46]让老师们有时间和机会互相交流。其实,这是中学"团队教学"必不可少的组成部分,但目前在大多数中学里,却是可望而不可即的奢望,因为学校的系部设置使教师跨系讨论学生像在大学里一样的困难和罕见。一位中学老师曾经告诉我:"中学老师们从来不见面。"学校每天,至少每周都应留出时间,让教职员工坐在一起沟通交流,以便使不同课程的教学内容相关联,使学生更容易把所有的知识融为一体。例如,英语老师与历史老师可以同步讲授关于同一个时代的内容,11年级学生在研读小说《红字》的同时学习美洲殖民地历史;在学习美国内战史的同时研读小说《红色英勇勋章》(Red Badge of Courage);在学习20世纪咆哮的20年代(Roaring Twenties)历史的同时可以研读小说《了不起的盖茨比》。但是,我不得不承认这种相得益彰的安排并不存在,实在令人费解。[47]个别老师这样做,权当送给学生一份大礼("我的英语老师今天讲了一些历史知识……他还对我们讲述了历史事件如何影响文学创作和社会发展")。另外,将理科课程与数学的单元教学结合起来将会是一个很好的范例。[48]也许,有的老师做过类似的尝试,不过,当课程不同步时,他们只得作罢。通常,老师们会津津乐道于自己感兴趣的内容,而且往往会不顾教学课时的限制(在过去一年多的观察中,我发现在美国历史课上,老师们在肯尼迪被刺事件和越南战争上花费的时间更多些,也许是因为中年教师在年轻时深受这两大事件的影响,但是学生却不像老师那般着迷,并且向我抱怨这些章节所占的课时过多)。从表面上看,没有将不同课程大纲的内容顺序相互联系起来充其量不过是因为粗心,而忽略人类将知识整合为一体的需求则是最坏的可能。解决这一问题并不难,只不过需要不同系部的老师有时间进行沟通,交流一下他们会在何时讲授哪些内容。[49]

  老师们不仅需要更多的时间阅读本学科以及其他不同学科的书籍,而且需要时间阅读有关的教育学研究成果和教师的教学日记。尤其重要的是,所有老师都需要有时间进行反思,对教师作为学习者、对教师与学生的关系、对学生与课程大纲的关系进行反思(中学教师没有时间进行反思,没有时间与同事进行交流,这使得很多原本喜欢中学生的人改变主意,选择在大学任教,这种情况在一些中学老师与大学老师工资收入相差无几的州尤其明显)。然而,老师们要求更多"自由"时间的请求一次又一次地遭到学校管理层和公众的拒绝。人们猜测如果允许老师花时间反思却不能产生立竿见影的可展示成果的话,可能既会对管理层造成威胁,又会让公众觉得浪费时间。

  另外,如果大班缩减为12至15人的小班,那么,教学场地就会很紧张,学校将不得不延长工作时间,以便重复使用同一间教室。我们能预料到以下情况:有的学生会选择早上7点开始上课,中午放学;有的学生选择中午开始上课,下午5点放学。学生们会发现学习进步很快,他们在校外实践中从人们身上学到了很多有趣的知识。古德莱德(Goodlad)呼吁,建立一个"机构和部门生态系统"来共同承担社区居民的"知识、价值观、技能、习惯等教育责任"。[50]尽管中学是理想的社区教育场所,但是真正的社区教育需要一扇更灵活的学校大门,一扇双向大门。一位老师,他是情绪障碍研究领域的专家,曾向我建议对学校进行彻底改革:"(教育)应该搬出学校大楼……搬到社区或其他地方,我希望学校大楼消失!"当然,学校大楼不会消失,花费数百万更新学校设施的社区不会放弃学校。但是,学校可以对教学场地进行大规模改变。社区可以将学校教室的利用率从每天 8 小时提高到每天 16 小时,当学生在白天走进社区实习的时候,成年人就可以走进校园学习。社区居民可以担任兼职助教——不是以来自不同行业、成群结队的参观者身份,而是来和学生分享责任、传承传统,在任课教师的指导下参与教学。也许,社区可以接管一部分体育项目,以便消除目前存在的体育健儿对校园人际关系的负面影响。不过,在美国将体育课从高中校园剥离的说法肯定会被当作异端邪说,将会受到二次审判(Second Inquisition)。但是,社区至少需要就公共教育目标进行持续性对话,以便就学校所有项目对目标的贡献进行全面评价,包括受欢迎的体育项目的贡献。

沃克·珀西在他那篇具有里程碑意义的文章《消失的生物》(*The Loss of Creature*)[51]中深刻思考了一个问题:学生到底从学校里带走了什么?他如此写道:

"教育家已经充分意识到了中学教育的问题,意识到学生的学习与生活之间出现了难以逾越的鸿沟。比如,学生朗读一首诗歌,明白了诗歌的含义,且能回答老师提出的所有问题。可是,20 年以后,如果学生碰巧又看到一首莎士比亚的十四行诗,他是否会回忆起当年学过的那首诗?他是否会忆起当年这首诗散发出的纸墨香和那位教诗歌的霍金斯小姐呢?"

恐怕学生能回忆起来的只是隐隐约约学过的各种知识,只能回忆起曾经坐在课堂上,而那首经过精心挑选的十四行诗,虽然是珍贵的传统文化遗产,却一去不复返,早已被抛诸脑后,更别提诗歌的灵魂了。此时,身为老师的我们不可避免地会遇到一个问题:为何学生花费了 15 000 个小时待在教室里,却几乎不记得要求掌握的内容？是我们教诗歌的方法有错还是关于诗歌的问题不对？或者二者都错了？情况很有可能是这样：那些（肤浅的）问题只适合那种（传递内容的）教学方法，反过来又会导致（肤浅的）提问方式。如此循环，周而复始。为了改变这种情况，我们应该首先改变教学方式。但是，如果固执的公众不想放弃乏味、罐装式的标准化考试，那么，老师试图进行教学改革的热情就只能偃旗息鼓。

教育界接受了一个基本常识，即我们应当到社会学校里去提高思维能力，而后将我们的所学用于社会。尽管一代又一代人不断努力（包括正在进行的努力）提高我们的认知水平，但选民在投票时会考虑物质利益以外的其他因素吗？人类的创造力增强了吗？艺术技巧提高了吗？人类的敏感性、灵性、手足之情、同情心有所改善吗？我们是否对精神敏锐度的提高感到满意？是否能告诉彼此，问题解决了？战后，美国解决了许多问题，成果显著，只是这些丰功伟绩都是以高昂的花费为代价的。

在一个特定的时期，教育目标是重中之重。我非常赞同怀特海的观点：后现代主义的教育目标要求每个人明白自己生活在一个动态变化、相互关联的世界里。[52]因此，老师和学生应该围坐成一圈，形成一种新型的教学或学习互动方式[53]，尊重不同的认知方式，认可个人的特质，同时又为实现社区健全功能的大前景而努力奋斗。我所建议的教育改革（小班规模、协调一致的课程教学计划、社区参与的课程目标与教学）不需要增加课程科目，却涉及学生与课程的关系变化以及师生关系的变化。[54]最终，学生将会感受到（而非仅仅思考）生活中事物之间的普遍联系性。令人震惊的是，我们在中学课堂上已经不再能感受到彼此之间的联系，而我们却寄希望于课堂让不同的学生彼此产生互动。庞大的高中、碎片化的课程大纲、"特百惠教学模式"、互不相容的小帮派、过分强调体育特长、忽视学生的智力和艺术特长等等,这一切导致彼此之间失去联系。所幸的是,这种局面可以扭转。我们可以从引导学生相互交流的兴趣着手,然后使讨论融入整个课堂学习。虽然努力的结果不一定能促成以学生为主的课堂讨论;但至少能使学生与学生在课堂上进行对话,能使学生感觉到人人被需要、人人被认可,而且,由老师主导的课堂讨论充分尊重学生。不过,很多老师感觉没有足够的时间开展课堂讨论,对此,布莱恩·斯威姆(Brian Swimme)[55]提醒我们:人应该生活在故事里。如果我们对学生的故事不闻不问,那我们就会因忽略人性而负疚。或许,我们会因教育忽略人性而倍感沮丧。

注释

[1] Whitehead, Alfred North(1929/1967), *The Aims of Education and Other Essays*, NY: Macmillan, p. 16.

[2] 根据 Shell 民意调查结果(1999),学生对高中时期最后悔的事情进行排序,32%的学生将"应该更认真地上学"放在首位,30%的学生将"应该让自己更开心"放在第二位。

[3] Geertz, Clifford(1973), *The Interpretation of Cultures*, NY: Basic Books.

[4] "所有老师都会告诉你:学生不会很容易被操控。很多学生拒绝听从老师的指令,故意给老师出难题,他们的日程表上排满了与学校教育目标无关的活动。"参见:Spring, Joel(2000), *American Education*, 9th ed., Boston: McGraw-Hill.

[5] Whitehead, Alfred North(1938/1966), *Modes of Thought*, NY: Free Press, p. 33.

[6] 来源:Brooks, Mary and Deedra Engmann-Hartung(1976), Austin:

Pro-ed. 。

[7] Fleege, O. , R. Charlesworth, D. C. Burts, and C. H. Hart(1992), Stress Begins in Kindergarten: A Look at Behavior During Standardized Testing, *The Journal of Research in Early Childhood Education*, 7(1), pp. 20 - 25.

[8] "讨论是知识工作者发现知识、与同事分享知识的方式。在相互讨论的过程中,人们可以建立起新的知识结构……讨论决定谁名义上、实际上'在圈内'或者圈外,而职位、头衔或权利象征不起任何作用。"参见:Webber, Alan, ed. (1993), *Harvard Business Review*, Jan. —Feb. , p. 28。

[9] Creswell, John W. (1998), *Qualitative Inquiry and Research Design: Choosing Among 5 traditions*, Thousand Oaks: Sage, p. 19.

[10] Oliver, Donald W. , with the assistance of Kathleen W. Gershman (1989), *Education, Modernity and Fractured Meaning: Toward a Process Theory of Education*, Albany: SUNY Press, p. 3.

[11] Bateson, Gregory (1972), *Steps to an Ecology of Mind: A Revolutionary Approach to Man's Understanding Himself*, NY: Ballentine, p. xvii.

[12] Whitehead, Alfred North(1929/1967), *The Aims of Education and Other Essays*, NY : Macmillan, p. 56.

[13] 尽管怀特海和罗素曾是亲密的合作者,但他们有不同的认知理论,罗素是一位分析哲学家,他对思辨哲学家怀特海说:"我宁愿心胸狭窄,也不愿意做出模棱两可的猜测。"参见:Kuntz, Paul Grimley (1984), *Alfred North Whitehead*, Boston: Twayne Publishers, p. 50。

[14] Whitehead, Alfred North (1938), *Modes of Thought*, NY: Free Press, p. 5.

[15] "人脑的情感中心源自下方的脑干部分,经过数百万年的进化历程,形

成了具有思维功能的大脑,即新大脑皮质,一个由高度折叠的神经组织组成的球形皮层。大脑由情感中心进化而来的事实揭示了思维与情感之间的关系:先有情感性大脑,然后才有理智思维。"参见:Goleman, Daniel(1995), *Emotional Intelligence: Why It Can Matter More than IQ*, NY: Bantam Books。

[16] King, Robert(1988), paper presented at the 10th Annual Bergamo Conference on Curriculum and Theory, Akron, Ohio.

[17] "现有的研究表明,个人的学习投入程度与学习成绩密切相关,群体水平取决于背景与不同的年级。研究还表明,积极参与课堂学习的学生会取得好成绩,这说明一些属于高风险人群的学生会克服种种不利条件而取得好成绩,即他们有很强的'学习适应能力'。"参见:*Class size and Students at Risk: What Is Known? What Is Next?*(美国教育部网址:http://www.ed.gov/pubs/ClassSize/practice.html)。

[18] Rousseau, Jean-Jacques(1956/1973), *The Emile of Jean Jacques Rousseau*, translated by William Boyd, NY: Teachers College Press, p.40.

[19] Whitehead, Alfred North(1929/1967), *The Aims of Education and Other Essays*, NY: Macmillan, p.74.

[20] Dewey, John(1916/1944), *Democracy and Education*(passim), NY: Capricorn; *Art As Experience*(1934), NY: Martin, Balch and Company, pp.15-16.

[21] Greene, Maxine(1978), Wide-Awakeness and the Moral Life, in *Landscapes of Learning*, NY: Teachers College Press, p.42.

[22] Whitehead, Alfred North(1925/1946), *Science and the Modern World*, NY: Free Press, p.199.

[23] Percy, Walker(1957), *The Message in the Bottle: How Queer Man Is, How Queer Language Is, And What One Has to Do with the Other*, NY: Farrar, Straus and Giroux, p.57.

[24] Mason, Bobbie Ann(1989), *In Country: A Novel*, NY: Harper and Row, p. 224.

[25] Whitehead, Alfred North(1961), *Adventures of Ideas*, NY: Free Press, p. 78.

[26] Brumbaugh, Robert (1989), Whiteheadian American Educational Philosophy, in *Process in Context: Essays in Post-Whiteheadian Perspectives*, Ernest Wolf Gazo, ed. , NY: Peter Lang, p. 61.

[27] 青少年平均每周花 4 个小时做作业,而花在与朋友交际方面的时间多达 25 个小时。参见:Steinberg,Laurence D. , with B. Bradford Brown and Sanford M. Dornbusch(1996), *Beyond the Classroom: Why School Reform Has Failed and What Parents Need to Do*, NY:Simon and Schuster, p. 178。

[28] Falk, Richard(1988), In pursuit of the Postmodern, in *Spirituality and Society*, David Ray Griffen (ed.), Albany: SUNY Press, p. 87.

[29] Bateson, Gregory(1972), *Steps to an Ecology of Mind*, NY: Chandler, p. 206。同时参见:Bateson, G. , O. Jackson, J. Haley, and J. Weakland(1956), Toward a Theory of Schizophrenia, *Behavioral Science* 1, 251-264;以及 Sue, D. , D. Sue and S. Sue(1990):"双重约束理论表明:家长向孩子传递自相矛盾的信息将导致孩子无法弄清家长的意图……这将最终导致学生无法准确解读他人的交际意图,也不能恰当地表达自己的思想与情感。"参见:*Understanding Abnormal Behavior*, Boston: Houghton Mifflin, p. 407。

[30] Percy, Walker(1957), *The Message in the Bottle: How Queer Man Is, How Queer Language Is, And What One Has to Do with the Other*, NY: Farrar, Straus and Giroux, p. 5.

[31] *Reducing Class Size: What Do We Know*, National Institute on Student Achievement, Curriculum and Assessment, U. S. Department

of Education, Report No. SAI-98-3027. 如果班级人数减少,那么许多教育改革的建议将更容易得到实施(体验式学习、亲自动手操作、主动性学习、深层次思考、对某些话题进行深入研究、将课堂变成一个相互依赖的社团等等)。参见:Zemelman, S., H. Daniels and A. Hyde(1998), *Best Practice: New Standards for Teaching and Learning at America's Schools*, 2nd ed., Portsmouth, NH: Heineman; Daniels, H. and M. Bizar(1996), *Methods that Matter: Six Structures for Best Practice Classrooms*; York: Stenhouse Publishers; Kohn, A. (1996), What to Look for in a Classroom, *Educational Leadership*, 54(1), pp. 54-55.

[32] "如果一个学生在课堂上只聆听老师和同学的对话,那么他的判断力就无法得到足够的锻炼。相互质疑要求在20人以下的研讨式课堂上进行,在学生之间开展'有来有往'的相互提问,老师的角色是参与者、引导者,而非答案提供者……"参见:Sizer, Theodore R. (1985), *Horace's Compromise: The Dilemma of the American High School*, Boston, Houghton Mifflin, p. 119.

[33] Wilson, James Q. and George L. Kelling(1982), Broken Windows, *Atlantic Monthly*, 249(3), pp. 29-38.

[34] 根据学生的自述报告,13~19岁年龄阶段的青少年的睡眠时间减少40~50分钟,原因在于上床就寝的时间越来越晚。学习吃力或者不及格的学生(成绩为C、D、F)与成绩为A或B的学生相比,睡眠时间平均少25分钟,上床就寝的时间要晚40分钟。参见:Wolfson, Amy R. (1998), Sleep Schedules and Daytime Functioning in Adolescents, *Child Development*, 69(4), p. 875.

[35] 对哈佛大学本科生的研究发现:多数情况下,班级越小,学生的参与度越高。参见:Light, Richard(2002), *Making the Most of College*, MA: Harvard University Press.

[36] "老师们说在学校最美好的经历就是与学生关系密切,对学生有所帮助。"参见:Poplin, M. and J. Weeres(1992), *Voices from the Inside: A Report on Schooling from Inside the Classroom*, Claremont, CA: Institute for Education in Transformation, 1992. cited in E. Clinchy (ed.)(1999), *Reforming American Education from the Bottom to the Top*, Portsmouth: Heinemann, p. 147。

[37] McNeal, Ralph(1999), Participation in High School Extracurricular Activities: Investigating School Effects, *Social Science Quarterly*, 80 (2), p. 291.

[38] Light, Richard(2002), *Making the Most of College*, Cambridge, MA: Harvard University Press.

[39] 社交在青少年的认知发展过程中起着关键作用,每个学生的个人发展都离不开他所处的生长环境。参见:Goldstein, Lisa S. (1999), The Relational Zone: The Role of Caring Relationship in the Co-Construction of Mind, *American Educational Research Journal*, 36 (3), pp. 647 - 673; McDermott, R. P. (1977), Social Relations as Contexts for Learning in School, *Harvard Educational Review*, 47 (2), pp. 198 - 213; Schneider, P. and R. V. Watkins(1996), Applying Vygotskian Developmental Theory to Language Intervention, *Language, Speech, and Hearing Service in Schools*, 27, pp. 157 - 170。

[40] Whitehead, Alfred North(1929/1967), *The Aims of Education and Other Essays*. NY : Free Press, p. 55.

[41] 美国高中课程大纲的问题根源可以追溯到大学课堂。参见:Coplin, W. D. (1999), Higher Education Against the Public Good: How Future Generations Are Conditioned to Serve Only Themselves, in Clinchy, E., ed., *Reforming American Education From the Bottom to the Top*, Portsmouth, NH: Heinemann, pp. 53 - 70。

[42] 最新的课程大纲设计纳入了"情感素养",情感和社交活动成为讨论话题,不再忽视这些孩子们生活中必不可少的东西。参见:Goleman, D. (1997), *Emotional Intelligence: Why It Can Matter More Than IQ*, NY: Bantam Books, p. 263。

[43] 在我调研的学校里,6—12年级的生师比为 25∶1,该比例会根据课程的不同特点发生变化。

[44] Hunter, Stephan(2000), As Luck Would Have It: The Real Woody Allen, International Herald Tribune, May 22.

[45] Brumbaugh, Robert (1982), *Whitehead, Education, and Process Philosophy*, Albany: SUNY Press, p. 19.

[46] "几乎没有学校给老师时间进行思考",参见:Ohanian, Susan(1999), Is That Penguin Stuffed or Real? in Clinchy, E., *Reforming American Education from the Bottom to the Top*, Portsmouth: Heinemann, p. 26。

[47] 我的一次课堂调研笔记:"我们刚上完一节英语课,课堂上讨论了爱默生(Emerson)和梭罗(Thoreau)的作品(19世纪);5分钟之后,我们开始上历史课,老师讲的是柯立芝(Coolidge)和福特(Henry Ford)总统执政时期的历史(20世纪)。"

[48] 为了使课程大纲完整、合理,赛泽(Sizer)建议将课程分为四个模块:思维与表达、数学与理科、文学与艺术、哲学与历史。参见:Sizer, Theodore (1984), *Horace's Compromise: The Dilemma of the American High School*, Boston, Houghton Mifflin, p. 230。另参见:*Breaking Ranks: Changing an American Institution*, A Report of the National Association of Secondary School Principals on the High School of the 21st Century, Reston, VA, 1996, p. 13。

[49] Clarke, John H. and Russel M. Agne(1997), *Interdisciplinary High School Teaching: Strategies for Integrated Learning*, Boston: Allyn

and Bacon.

[50] Goodlad, John(1984), *A Place Called School: Prospects for the Future*, NY: McGraw-Hill, p. 361.

[51] Percy, Walker(1957), *The Message in the Bottle: How Queer Man Is, How Queer Language Is, and How One Has to Do With the Other*, NY: Farrar, Straus and Giroux, p. 57.

[52] Whitehead, Alfred North(1929/1978), *Process and Reality*, corrected edition, David Ray Griffen and Donald W. Sherbourne, eds., NY: Free Press; *Adventures of Ideas*(1933), NY: Free Press; *Modes of Thought*(1938), NY: Free Press.

[53] 最佳教学活动的13条原则:以学生为中心、体验式、整体性、真实性、表达式、反思式、社会性、合作式、民主式、认知式、渐进性、构建主义、挑战性。参见:Zemelman, S., H. Daniels and A. Hyde(1993), *Best Practice: New Standards for Teaching and Learning at America's Schools*, 2nd ed., Portsmouth, NH: Heineman。

[54] "所有教育的根本目标:保持和提升学生的同情心。"参见:Nodding, Nel(1984), *Caring: A Feminine Approach to Ethics & Moral Education*, Berkeley: University of California Press。

[55] Swimme, Brian(1988), The Cosmic Creation Story, *The Re-enchantment of Science: Postmodern Proposals*, David Ray Griffen, ed., Albany: SUNY Press, p. 48.

第七章　研究方法

观　察

"可以说,理论是对观察的扩展。"

——罗伯特·科尔斯(Robert Coles)[1]

"马林诺斯基(Malinowski)告诉我们要记下一切所见所闻,因为我们不可能一开始就知道什么东西有意义,什么东西没有意义。我试图忠实地遵守他的教导,不过,所有的观察当然都是有选择的观察。"

——霍顿斯·鲍德梅克(Hortense Powdermaker)[2]

在北达科他州的两个城市里,我走访了三所高中(华盛顿中学、杰弗逊中学、麦迪逊中学),在课堂上观察学生的行为,对学生进行访谈,持续了一个学年之久。校长们为我提供学校的课表,包括以下多门课程:英语、数学、历史、西班牙语、营销实训、体育、演讲、商业教育、工业技术和工艺。刚开始的几周,我的任务目标是跟上学校每天上课的节奏,掌握在教学楼之间穿梭的路线,准时到达教室。

通常,我和大家一起在餐厅吃午饭,不过,和我聊天并不是中学生在22分钟的空闲时间里的首选,所以我经常独自一人坐在餐厅写上午的观察笔记。记得今年早些时候,我独自一人坐在餐厅里唯一的一张空桌子前,当时其他餐桌都坐满了人,我猜想肯定会有学生走过来,询问是否可以坐到我的餐桌前,那样的话,我就可以得到一份稀有的佳肴——和学生来个午餐闲聊。结果,学生们一个个走到餐桌前,问我能否借走一把椅子。他们居然没有人问我是否可以坐在一起!十多分钟的时间里,我独自一人坐在一张八人餐桌前,桌前只有我自己坐着的一把椅子。我要说的是,几个月以后,孩子们似乎就不太在意和我分享一张餐桌了,尤其是那些已经接受过采访的学生。

正如马林诺斯基(Malinowski)早在 20 世纪 20 年代对他的人类学专业学生所建议的一样,最初几周的主要任务就是在现场仔细观察,并认真做笔记。但是,不久之后,教育研究者就能够预测高中课堂上的常规日程,而后日程内容的变化就成为关注的焦点。比如,当学生拒绝就所布置的阅读作业进行讨论时,老师就会立即改成随堂测验;一向安静的班级学生在遇到特别感兴趣的问题时,他们齐声喊出答案。学生很擅长在课堂上一心二用,一方面留意老师的提问,以防叫到自己的时候出洋相,同时还会留意其他事情。因此,我能够听到、观察到教室里老师的一端——我们称之为"后台",同时还能够听到、观察到教室里的另一端——"前台",即我座位附近的位置。由于我能够近距离观察后排学生,所以调查笔记里处处会提到教室后排"常客"的习惯行为。学习动机明确的学生不会一直选择坐在后排,当然,也有例外。我们应该还记得(第二章)希拉同学曾抱怨:历史老师在开始上课后的 10 分钟内与班上的运动健将们谈论体育,老师似乎对整个班级的期望值很低。希拉成绩优秀,却决定不参与课堂活动("这个课上谁都可能不及格,我的意思是……")。实际上,她选择坐在后排,把前排座位让给那些叽叽喳喳、成绩欠佳的"教师的宠儿"。

课堂观察就好像同时观看两个舞台上正在上演的剧情不同的舞台剧,然后再写出一篇总结,对二者作出公平的评论。作为观众/听众的我,欣赏到了学生校园生活的两重性;作为采访者,和学生的对话使我明白了学生的另一种"生活",即亚文化群体的生活,而这才是他们愿意花费更多精力的地方。

访 谈

"谢谢你找我做访谈。"

——苔丝(Tess)的圣诞卡,11 年级

"我们在不断披露自我的过程中度过一生。"

——阿尔弗雷德·诺思·怀特海[3]

根据调研计划,我决定每周找 4 名同学谈话,作为获取学生背景的主要信息源,此外,再安排大量的男女学生进行每周一小时的学生自愿谈话。首先,我需要从不同学校找到 4 名女生作为意见征询者,当我需要对高中生的群体行为或态度模式进行鉴定时,她们的行为和态度将作为参照。4 位女生个性独特,形成鲜明的对比。苔丝是一名全优生,平均成绩高达 4.0,她生活在一个大家庭中,在兄弟姐妹中排行居中,平时要在农场干杂活、打一份工,还要参加排球队的训练活动,她的志向是当一名聋哑学校的教师;帕姆(Pam)是深受家人宠爱的宝贝,热爱跳舞、勤奋、努力、志向远大,但不擅长学习;莉兹(Liz)患有强迫性神经官能症,在服用药物,曾经

做过田径运动员,但没能成功,她很有幽默感,称继母为"继魔";安布尔(Amber)是家里的独生女,她生活在一个女性家庭中,家庭成员有母亲、外祖母和姨妈,她对自己的西班牙裔出身较敏感,没有汽车(因此,她午夜一点从打工的快餐店步行穿过墓地回家!),有几门功课的成绩徘徊在及格线。当然,起初我并不了解她们的这些情况,在对她们进行第一次采访之后(采访内容与我后来采访其余96名同学时的基本相同),我征求她们的意见,询问她们是否愿意每两周来和我单独交谈一小时,她们4个都同意了。我很喜欢与她们定期交谈,这是单调的一年生活中最精彩的部分。她们向我清楚地介绍班上出现的问题和争议,对我解释校内广播和报纸中的公告,帮我甄别、挑选来自不同群体的学生采访对象(看上去属于同类群体的学生实际上各不相同)。我和她们4个人成了好朋友,与所有从事长期研究的研究者一样,我与主要的信息源学生成了朋友。

在我的观察报告中,这4个信息源学生的身影略显突出,因为当我们出现在同一个课堂上的时候,我就禁不住会关注她们。例如,历史课测验,所有同学都加入了学习小组,唯独苔丝例外(第三章),她就是我定期访谈的4个女孩的其中之一。尽管我每个月采访她们两次,但她们的采访信息在我为分析所做的数据库中出现的次数并不比其他同学的多,因为我只把她们的第一次采访资料与其他所有接受采访的学生资料一并整合到总资料库中。

资料库中的100次访谈资料是我挑选的50名男生和50名女生的采访记录,他们均等地代表5种不同类型的学生:优等生、中等生、艺术特长生、异类学生、体育特长生。优等生是从校报上公布的荣誉生名单中挑选出来的;中等生代表高中的大多数学生,我自己根据几周在不同学校的课堂观察列出了一个名单;艺术特长生来自艺术课、管弦乐队、乐队或戏剧社;异类学生指外表与众不同的学生,他们被同龄人称为嬉皮士、格兰诺拉麦片、破烂衫族、重金属乐迷、烟鬼等;体育特长生很容易确定,他们是公开的学校球队成员,例如曲棍球球队、篮球队、田径队、高尔夫球队和橄榄球队。我一般会采访听过几周课的班级里的学生,学生们常常愿意介绍朋友或熟人来接受我的采访。

我每次一对一采访学生的地点一般都选在图书馆附近的房间或者学校附近的快餐馆。首先,我递给学生一叠索引卡片,上面是他们曾经学过或者正在学习的课程名称,例如:英语、数学、历史、生物、化学、音乐、美术、戏剧艺术、演讲、法制、德语、西班牙语、营销实训、工业技术、体育、运动。我请他们按照喜好程度对卡片进行排列,把最喜欢课程的卡片放在最上面,最不喜欢课程的卡片放在最下面。然后,我请他们谈谈每门课程以及为什么将它放在目前的位置。我发现,学生们能够轻松地谈论个人学习成绩的好坏,但他们在这一阶段明显精力不集中,好像在叙述熟人的故事,就像在谈论哥哥的田径记录、姐姐的职业规划。

访谈的第二部分包含10张"提示"卡片,[4]要求学生谈谈对学校发生的事情或者个人最近的经历的看法。卡片上的内容分别是:成功、对我重要的(人或事)、坚定的信念或者信仰、难以抉择、失去、感动或触动心灵、伤心、愤怒、挫败、焦虑。学生们会考虑几分钟,然后就他们自己选择的卡片与我进行讨论。很少有学生会谈论10张卡片的全部内容,学生谈论最多的是"挫败",最少的是"成功"(他们往往选择这一条来谈论团队合作)。他们声称老师打分不公平、放学后打工的老板不公正、排满的作息时间表令他们受挫。选择"愤怒"卡片的学生往往对班级同学的势利、吝啬、靠不住或口是心非感到气愤;有的卡片很少有学生选择,例如"坚定的信念"或者"感动或触动心灵";许多学生认为在校规与饮酒的诱惑之间"难以抉择";所有的学生都谈到了"对我重要的(人或事)",一般都会提到家人和朋友,很少提到学校里的学习,但会谈到学校里的群体感觉。有些卡片被学生误解,例如,对他们来说,"焦虑"的意思并不总是"担忧",他们会说"嗯,我非常'渴望'周末"。关于"失去",他们会说:"我原以为把《九死一生》(The Skin of Our Teeth)的脚本弄丢了,后来我在床下找到了。"不久,我把"焦虑"改成了"焦虑/担忧",把"失去"改成了"失去/哀伤"。

几次访谈之后,我意识到这些卡片并没有引发学生针对一些话题展开讨论,例如学生帮派和歧视,于是我补充了以下几个问题:

1. 刚进入高中的学生还没有意识到……
2. 老师不了解我的方面是……
3. 朋友们喜欢我,因为……
4. 学校里有各种各样的学生团体,名称叫……,分别以……闻名;大家认为我属于……
5. 我为学校制定的一条新规则是……
6. 判断题:因为男生比女生聪明,所以男生在课堂上更喜欢发言。

随着时间的推移,我渐渐明白哪些问题能引发学生的谈论,于是我调整了一些问题的措辞。例如,学生对制定一条新校规的问题反应冷淡,只有个别几个女生说想制定一条制止校园帮派的新校规。我一直搞不明白学生们为何对这个问题不感兴趣,直到有个男生说:"嗯,不会去考虑新校规。也许我能想到几条自己愿意取消的校规吧,却从没想过要增加一条新校规!"我恍然大悟:孩子们看问题的角度与我们成年人完全不一样。

最后一点,也是所有研究者都会遇到的问题,那就是当采访人关闭录音机,准备结束访谈时,被采访者反而开始与之分享更多的观点。(这就是为什么必须留出时间做详细记录,然后再对下一个学生进行采访,以便凭借新鲜的记忆,记录下一些有趣的事儿。)记得有一天在一家快餐店,我正在收拾录音机,刚刚接受完采访的男生说校园里有一个自称"900俱乐部"的学生团体,其成员计划在那年夏天喝掉900罐啤酒。我算了一下,这样的话他们每周要喝12箱啤酒,每箱6罐,持续12周。我们谈了好长一会儿,没有录音,聊到他居住的小镇上普遍存在的未成年人饮酒问题(他对这种做法是否合法漠不关心),事后我凭记忆对这部分访谈内容做了一个记录。后来,我在访谈中多次向学生询问"900俱乐部"的情况,却未能从任何学生那里得到证实。因此,关于这个俱乐部是否真的存在,那个男生不会在录音机开着的时候告诉我。

分 析

"在自然条件下做研究,目的不是谈论……普遍存在的动因,而是要首先对现象做浸入式整体观察,然后再说出自己的感知和见解。"

——罗伯特·斯塔克(Robert Stake)[5]

"语言本身所固有的抽象功能具有危险性,它使人们偏离眼前的现实世界"。

——阿尔弗雷德·诺思·怀特海[6]

我采用"抽象"法,提炼出了前面三章的标题(压力、烦恼、迷茫),整个抽象过程包含三个步骤:编码、归类、提炼出规律性模式。[7]一个小时的访谈产生大约 20 页访谈文字稿,总资料库包含 2 000 多页打印的采访文字稿和手写的现场观察笔记。我用"Ethnograph"[8]软件滚动浏览 100 个文档,每个文档都以被采访学生的化名命名,因为要确保匿名调查,我对学生的姓名做了改动。我用仔细斟酌过的词或句对录音做分段标记,每个资料单元有一个名称(每个单元可以有几个编码)。这样一来,就可以随时对每一个受访者的采访录音进行检索、对比或者比较。例如,在 100 次谈话记录中,提到就业和打工的资料单元的编码为"工作",软件程序根据编码就可以复制名为"约翰 Q"的文件中关于工作的文本,将复制内容与其他 99 次访谈中同样编码为"工作"的内容整合在一起。然后,我把所有这些摘录放在一起阅读,从中找寻规律性模式。如果"受挫"编码的文档中有许多例子同时出现在"工作"编码的文档中,那么就可以证明学生中存在一种普遍的态度;"对我重要的"编码的文档与"朋友"编码的文档共现勾勒出一个清晰的模式;关于课程大纲与教学的负面言论反映出其中的不足。此外,学生对一些开放式问题的回答,如"明年秋天升入高中的同学尚未意识到的问题是……"(编码为"高二学生的惊叹")揭示了学生中普遍存在的一种观点,即高中生活很有挑战性("开始受到更多的伤害"),它会改变一个人("过去以为很了解,现在却不了解啦")等。

我最终总结出满满 1 页 56 条编码,足以概括学生们提供的要点;接下来,我要把这些编码合并为几大类。每一类包括一组关系密切的编码,形成一个整体。将编码归类很有必要,这样不仅可以减少需要处理的编码数量,而且使每一类资料库的主题更加明确[沃尔科特(Wolcott)[9]称之为"模式化规律"],便于资料对比。这种方式叫做主轴编码,[10]即根据属性与维度对资料进行分类。换言之,研究人员发现的模式或者关键性联结[谢茨曼(Schatzman)和施特劳斯(Strauss)称其为"故事情节"][11]是划分类别的关键。

首先,我将所有的编码分为两大类,大致上归入"学校"和"社交生活"两大类别。"学校"类别的资料主要包括课程大纲、教学与学习环境等问题;"社交生活"类别的资料包括社会规范、朋友、行为模式。需要指出的是,行为模式不是必答问题,而是学生主动提及的。当然,这两大类别不足以涵盖学生自愿提供的所有个人信息,因为他们更愿意谈论自己,而不愿空谈学校生活。因此,我接着设置了三个次级类别:"课程大纲与教学""文化""个人"。其中,"课程大纲与教学"次类别包含的编码为学校科目、教师、考试、家庭作业等;"文化"次类别包含的编码为学生群体、规范、聚会/饮酒、运动、竞赛、分数等;"个人"次类别包含的编码为个人目标、自我评定、工作、家人、娱乐、爱。运用持续比较法收集资料并做同步分析,我发现学生将几乎全部的正面评论都留给了同伴关系和师生关系,极少把正面评论给予课程大纲和教学。关于学生情感的再次级类别有两个,即"受挫"和"自由",分别指各种负面言论与正面评价。相比之下,"受挫"类别的负面评价远比"自由"类别的正面评价要多,因而负面情绪成了本书的主体部分内容。"自由"类别的内容在第五章,主要在"老师即天敌"和"上课很重要"这两部分。

最后一步的资料分析最具挑战性。(切记:我所调研的三所高中均以教学质量著称。)我本来期待学生能够提供一些成功的高中教育范例,以及关于个别失败之处的建议。结果,学生对开放式问题和提示性问题的回答对于教育改革没有什么启发意义,他们甚至根本不考虑学校教育改革的问题。(这一点令人难以置信,因为师范教育界着迷于中学教育改革。)如果问急了,学生们就说全都少点吧——课少点儿、作业少点儿,不要留堂,希望去掉学校教育中所有的正规内容(而他们却宁愿站在第六排上一门选修课——"成功的人际关系")。

鉴于大多数访谈都陷入一种模式——学生对学校作出负面评价,却唯独把朋友描绘成救世主,因此根据受访者的感受,我将资料分为三类:"压力""烦恼""迷茫"。这些类别名称由我本人设计。第一个类别是"压力"(包括以下编码:思想、教师的宠儿、教师的弃儿、校规、未成年人非法持有酒精制品),这一类别所有编码的关键联结、模式或故事情节是学生感觉受到压迫。第二个类别是"烦恼"(包括以下编码:厌烦、愤怒、压力、小圈子、作弊、饮酒、自杀),编码的关键联结是学生感受到挫败。第三个类别是"迷茫"(包括以下编码:迷惑、被忽视,性别歧视属于被忽视的一种表现),编码的关键联结是学生感觉被当作隐形人。至此,基本的分析工作告一段落,我开始写作。首先回顾资料,将资料重新组合,分别归入修订后的三个类别,然后详细描述每个类别,写下我个人的反思,并用访谈摘录作为论述的证据,用教室里的小插曲作为例证。最后两章(第五章和第六章)的内容如下:第五章是我对这次调研中的学生访谈和课堂观摩所做的解释,题为"校园假象";第六章的标题是"教育改革",内容是我针对教育改革提出的一些建议。

注释

[1] Coles, Robert(1989), *The Call of Stories*: *Teaching and the Moral*

Imagination, Boston: Houghton Mifflin, p. 20.

[2] Powermaker, Hortense(1966), *Stranger and Friend: The Way of an Anthropologist*, NY: WW Norton Co. , p. 61.

[3] Whitehead, Alfred North(1938/1966), *Modes of Thought*, NY: Free Press, p. 62.

[4] 感谢哈佛研究生教育学院的罗伯特·基根(Robert Kegan)博士为我提供有关面试程序的建议。

[5] Stake, Robert(1978), The Case Study Method in Social Inquiry, in *Educational Researcher*, Feb. , pp. 5 – 8.

[6] Whitehead, Alfred North(1938/1966), *Modes of Thought*, NY: Free Press, p. 39.

[7] Bogdan, Robert C. and Sari Knopp Biklan(1982), *Qualitative Research for Education*, Boston: Beacon, p. 155; Creswell, John W. (1998), *Qualitative Inquiry and Research Design: Choosing Among Five Traditions*, Thousand Oaks: Sage, pp. 56 – 57; Strauss, Anselm and Juliet Corbin(1998), *Basics of Qualitative Research: Techniques and Procedures for Developing Grounded Theory*, Thousand Oaks: Sage, pp. 113 – 119.

[8] Seidel, John(1993), *Ethnograph*, v. 3, Thousand Oaks: Scolari.

[9] Wolcott, Henry(1994), *Transforming Qualitative Data: Description, Analysis and Interpretation*, Thousand Oaks: Sage.

[10] Creswell, John W. (1998), *Qualitative Inquiry and Research Design: Choosing Among Five Traditions*, Thousand Oaks: Sage, p. 57; Strauss, Anselm and Juliet Corbin (1998), *Basics of Qualitative Research: Techniques and Procedures for Developing Grounded Theory*, Thousand Oaks: Sage, p. 123.

[11] Schatzman, Leonard and Anselm Strauss(1973), *Field Research: Strategies for a Natural Sociology*, Englewood Cliffs, Prentice-Hall, p. 111.

后　记

一些读者可能会觉得书中描写的高中生的抱怨真实存在,大约22%的学生感觉游离于学校之外,但那又能说明什么问题呢?应该告诉这些学生要振作精神,奋发努力。这些读者大体上认为,从上学的第一天起,就没有人向学生许诺过学校是一座玫瑰花园。学校教育是一种工作,未来的学校也将继续进行教育工作。另一些读者可能会说书中的高中生访谈夸大了事实,因为学生一般会对任何保持客观地听他们说话的成人抱怨学校教育。这些读者大致的意思是不能把所有的学生抱怨都当真,因为孩子们永远喜欢彼此结伴,而不愿意学习。学生就爱怨声载道,将来的学生还会继续抱怨。

我认为以上两类读者忽略了一个事实:代价高昂的学校教育应该取得更好的结果;否则,将会贻害学生和老师。从教育学的角度来看,我认为第一类读者的说法有失公允,因为要求学生振作精神不等于他们不会怪罪老师对学生漠不关心。尽管我是一个传统的改革派教育工作者(听起来很矛盾),但我认为对每一个学生提出高要求并没有违背教育理念,我坚信学生越努力,自我成就感就越强。当然,老师也要相应地付出更多,特别是在吸引学生的注意力方面。因此,学生应该做出妥协;学校教育的管理者应该合理安排时间,以便学生有时间进行思考、自由讨论、课程协作、同伴互评等。如果一切如愿,那么就像伊娃·布兰(Eva Brann)所言:"任何一个老师的努力即为成功教育的最终手段。"[1]

我认为第二类读者肯定误解了学生的真诚,因为在采访学生的过程中,我能体会到学生的感受,虽然并非所有的学生都经历了书中描写的不愉快,但他们承认同学中确实有人感受到来自学校教育的压力、烦恼、迷茫。学生们有一点共同感受,即学校的课程安排让他们反感,不合他们的口味。当然,个别课程令高中生心旷神怡,使他们在忙得晕头转向时感到片刻的轻松愉快。每一位学生都有自己喜欢的课程,或因为自己的特长爱好,或因为老师别致的授课方式。不过,有一点值得我们深思:在谈论学校课程大纲和课堂教学的一个小时之内,学生极少会提到出色的课堂。当所谓"成功"的课堂一而再地被其他信息所掩盖时,我们不得不考虑学生在接受单独访谈时的负面评价,因为那是他们真正的感受。在某种意义上,学生的负面感受影响了他们对课程大纲的正确理解。

本书基于观察、访谈以及其他方式[2]获得的资料对他人的行为进行描述,并经过推理演绎,对他人的感受作出解释。根据我走访的三所高中所获得的资料对高中教育进行概括,本书难免会有局限性,但我真切地希望本研究的成果能引起广大中学教师的关注,无论学校的规模大小,无论生源如何,青少年教育工作者都应该关心学生的感受,了解学生心目中的中学生活。

注释

[1] Brann, Eva T. H. (1979), *Paradoxes of Education in a Republic*, Chicago: University of Chicago Press, p. 5.

[2] Maxwell, Joseph A. (1996), *Qualitative Research Design: An Interactive Approach*, Thousand Oaks: Sage.